L'IDÉE DE BIEN
CHEZ
TOLSTOÏ ET NIETZSCHE

**DU MÊME AUTEUR
À LA MÊME LIBRAIRIE**

*Kierkegaard et la philosophie existentielle. Vox clamantis in
deserto*, Paris, Vrin, 1936 ; en poche, Paris, Vrin, 1998.

BIBLIOTHÈQUE D'HISTOIRE DE LA PHILOSOPHIE

ondateur enri   I R   ire teur mmanuel   IN

LÉON CHESTOV

L'IDÉE DE BIEN
CHEZ
TOLSTOÏ ET NIETZSCHE
PHILOSOPHIE ET PRÉDICATION

Traduit du russe par
T. Rageot-Chestov et G. Bataille
Préface de
Jules de Gaultier

PARIS
LIBRAIRIE PHILOSOPHIQUE J. VRIN
6 place de la Sorbonne, V e
2019

En application du Code de la Propriété Intellectuelle et notamment de ses articles L. 122-4, L. 122-5 et L. 335-2, toute représentation ou reproduction intégrale ou partielle faite sans le consentement de l'auteur ou de ses ayants droit ou ayants cause est illicite. Une telle représentation ou reproduction constituerait un délit de contrefaçon, puni de deux ans d'emprisonnement et de 150 000 euros d'amende.

Ne sont autorisées que les copies ou reproductions strictement réservées à l'usage privé du copiste et non destinées à une utilisation collective, ainsi que les analyses et courtes citations, sous réserve que soient indiqués clairement le nom de l'auteur et la source.

© *Librairie Philosophique J. VRIN*, 1949 *pour la première édition*

© *Librairie Philosophique J. VRIN*, 2019
pour la présente édition

ISSN 0249-7980
ISBN 978-2-7116-2933-6
www.vrin.fr

INTRODUCTION

Cette collection de philosophie dont la direction m'a été confiée par les Éditions du Siècle[1] a été placée sous le signe de l'intellectualisme. Or M. Chestov, qui a quelque divination de la nature des esprits, compte parmi les mystiques.

Dois-je me disculper d'introduire sous cette rubrique intellectuelle une œuvre de ce philosophe? Une telle publication va-t-elle à l'encontre du but annoncé de l'entreprise? Faut-il, du moins, faire valoir les circonstances atténuantes? Je les trouverais dans les termes mêmes de la notice qui définit l'esprit de la collection. Il y est dit que l'on n'y témoignera pas d'un exclusivisme intransigeant et qu'on s'y montrera « soucieux principalement de la qualité des œuvres ». Une telle déclaration suffirait à me couvrir aux yeux de tous ceux qui connaissent l'œuvre de M. Léon Chestov dont le renom était grand déjà dans son pays avant la guerre, dont les Allemands et les Anglais ont recueilli avant nous la pensée dans leur langue et dont aucun homme animé d'une vie intérieure n'a lu, sans

---

1. Jules de Gaultier dirigea la collection « Philosophie intellectualiste » aux Éditions du Siècle où il publia ce volume en 1925.

en être remué, les *Révélations de la mort*[1] et *La Nuit de Gethsemani*[2]. Ce sont les seuls textes de l'écrivain russe qui aient été jusqu'ici traduits en français si l'on excepte les pages remarquables consacrées à Descartes et à Spinoza et qui furent publiées dans le « Mercure de France »[3].

D'un tel point de vue je pourrais invoquer encore une autre considération et faire valoir que, dans cet ouvrage sur Tolstoï et Nietzsche, l'élément mystique n'est que fort peu apparent et que ceux-là seuls, qui sont porteurs de la baguette de coudrier, en sauront distinguer les ondes souterraines. Car elles affleurent rarement à la surface de l'œuvre. Celle-ci, par la critique incisive que l'on y rencontre de la sensibilité de cet autre grand mystique que fut Tolstoï, révèle surtout, avec beaucoup d'éclat, des qualités intellectuelles de l'ordre de l'analyse la plus aiguë où, dans une intonation très personnelle, la pensée toujours riche et chargée d'improvisation se développe selon une logique de grand style.

Mais ce n'est pas de ces circonstances atténuantes que je me réclamerai. J'en chercherais d'aggravantes plutôt et si je devais me justifier, c'est en plaidant coupable que je le ferais. Ainsi dirais-je, il n'a pas tenu qu'à moi que la première œuvre de M. Chestov publiée dans cette collection intellectualiste ne fut d'un caractère où la croyance mystique se manifestât avec plus d'évidence,

1. L. Chestov, *Les Révélations de la mort*, Paris, Plon, 1923.
2. L. Chestov, *La Nuit de Gethsemani*, Paris, Grasset, « Les Cahiers verts », 1923.
3. L. Chestov, « Les favoris et les déshérités de l'histoire. Descartes et Spnoza », *Mercure de France*, 15 juin 1923.

telle par exemple cette *Apothéose du déracinement*[1], dont aucun terme de notre langue ne parvient à rendre avec une exactitude absolue la signification précise.

C'est en effet de propos délibéré que j'ai fait entrer dans cette collection intellectualiste l'œuvre d'un mystique. Ce n'est point par dilettantisme, en considération d'un régal de pensée et d'un art pour l'art de la dialectique, mais c'est en raison principalement du caractère mystique de son auteur que l'ouvrage de M. Chestov m'a paru devoir y figurer. Si ce n'est un défi, c'est du moins une manifestation, si bien qu'à défaut de ce penseur j'eusse cherché sans doute un autre écrivain propre à tenir le même rôle. Mais comment en trouver un dont la sensibilité fût plus authentique, chez qui le jaillissement de la vie intérieure s'élevât d'une source plus profonde ?

C'est donc du mysticisme, et, d'un terme qui paraîtra peut-être plus précis, c'est de la foi qu'il s'agit ici. C'est la foi qu'il s'agit de confronter avec l'intellectualisme et, à confesser le motif secret qui peut-être m'a induit avec le plus de force persuasive à instituer cette confrontation, c'est, dirai-je, qu'en cours d'instance, une autre forme de la mentalité sera mise en cause : le rationalisme. À son égard se réalisera cette éventualité caractéristique de certains procès à la suite desquels tels témoins, et qui semblaient n'avoir rien à faire dans le litige qu'à témoigner, apparaissent comme les condamnés véritables.

---

1. L. Chestov, *Sur les confins de la vie. L'Apothéose du déracinement*, Paris, Vrin, 1927, réimp. Paris, Flammarion, 1966.

La notice où la collection est présentée fait état, entre autres énonciations, de cet aphorisme emprunté à l'*Introduction à la Vie Intellectuelle*[1] : « Comprendre s'oppose à croire et tout intellectuel a pour contraire tout croyant ». Cette formule n'a pas choqué les intellectuels ; elle a choqué quelques croyants. Elle a été interprétée par ceux-ci comme une défense d'entrer. Je voudrais montrer qu'ils se trompent et que cette contrariété n'exclut pas la coexistence en un même esprit de l'intellectualisme et de la croyance pourvu que ces deux courants spirituels y demeurent parfaitement distincts comme ces eaux du Rhône qui traversent sans s'y mêler celles du Léman.

Ce n'est pas pour la première fois et dans l'intérêt d'une cause à défendre que je me range à ce point de vue et déjà, dans cette *Introduction à la Vie Intellectuelle* à laquelle est empruntée la formule de cette antinomie entre l'intelligence et la foi, je donnais, à titre d'illustration d'un rare intellectualisme, le cas de ce Révérend Père Adone Doni mis en scène dans le *Puits de sainte Claire* par Anatole France et qui croyait en Dieu parce que sa foi religieuse le lui enjoignait mais se moquait de ceux qui, n'étant pas soumis à la même obligation, croyaient en Dieu pour des raisons. Croire pour des raisons m'apparaissait dès lors une attitude mentale analogue à celle qui engendre la notion de fer en bois évoquée par Schopenhauer à propos du libre arbitre. Car c'est précisément parce que les catégories de l'intelligence sont entièrement distinctes de celles de la croyance que l'une ne peut déterminer l'autre. C'est parce que l'une

---

1. Titre attribué à une série d'articles de Jules de Gaultier parue dans la *Revue Blanche* entre 1895 et 1898.

cesse où l'autre commence qu'elles ne peuvent jamais entrer en conflit. Si la dispute éclate, c'est que l'une ou l'autre, ou parfois l'une et l'autre, ne sont pas à l'état de pureté dans le cerveau où elles se heurtent. Il semble donc que l'intellectualisme du R. P. Adone Doni soit plus propre à témoigner de la réalité de sa foi qu'à la faire tenir en suspicion. En véritable intellectuel il sait que la logique engendre des conclusions mais qu'elle ne commande pas des actes, en sorte que la foi, qui est proprement un acte, ne saurait être altérée par elle.

Si, renversant le point de vue, on cherche dans quelle mesure un intellectuel pur aurait licence, sans transgresser la logique dont il relève, d'adhérer à une croyance, peut-être faudrait-il répondre tout d'abord, qu'en fait, le tempérament physiologique qui produit les intellectuels est le plus souvent à l'opposé de celui qui produit les croyants. À vrai dire, les R. P. Adone Doni sont rares. Plus rares sont peut-être encore ceux qui, partis de l'intellectualisme, pourraient aspirer à une foi véritable et la posséder. Il n'apparaît pas pourtant que, théoriquement, cette rencontre soit plus irréalisable dans ce cas que dans le précédent, pourvu que les deux attitudes se développent sans prendre l'une sur l'autre un point d'appui. Mais, il importe pour décider de sa possibilité et de sa légitimité de préciser ce qu'est exactement l'intellectualisme.

I

Il s'agit là d'un état qu'il est d'autant plus indispensable de définir que, dans la Tour de Babel qu'est le langage philosophique, on le confond trop fréquemment avec le rationalisme dont il diffère dans la mesure où le rationalisme s'oppose à la raison pure. « Le rationalisme contre la raison », cette formule critique que j'ai développée dans *La Philosophie officielle et la Philosophie*[1] et qui donne à ce petit livre sa véritable portée, c'est elle aussi qui attribue sa signification au titre de cette collection : philosophie intellectualiste. Qu'est-ce donc que l'intellectualisme, et le point de vue où il nous situe nous autorise-t-il ou nous défend-il de tenir pour légitime le mysticisme de la croyance ?

L'intellectualisme, répondra-t-on, c'est exactement ce que serait le rationalisme si ce terme n'avait été détourné de sa signification par une école qui, exploitant à son profit le prestige de la raison, a introduit sous son nom, pour leur attribuer une autorité qu'ils n'ont pas, des vœux de sensibilité. L'intellectualisme se donne pour une doctrine de l'expérience pure dont les seuls gestes constants forment les catégories de la raison. Sous le jour d'une conception moniste, qui seule embrasse la totalité de l'objet philosophique, il distingue, à travers les analyses kantiennes, qu'il n'y a qu'une seule expérience et que, rien n'étant hors de cette expérience, elle s'est donné à elle-même ces perspectives, ces *formes*, selon la terminologie de la *Critique*, parmi lesquelles, se réfléchissant sur elle-même, elle se saisit en un acte de connaissance. C'est ainsi, dans l'expérience elle-même, que les formes de la connaissance s'élaborent et il n'y a aucune différence de nature entre l'activité qui compose la forme et celle qui compose le contenu de

---

1. J. de Gaultier, *La philosophie officielle et la philosophie*, Paris, Alcan, 1922.

la connaissance. Ce qui constitue le caractère formel de certains gestes de l'expérience, c'est qu'ils se répètent constamment semblables à eux-mêmes, tandis que, s'inscrivant parmi les cadres de cette inlassable et vivante répétition, d'autres gestes improvisent l'infinie diversité des phénomènes. Ainsi le mot *formes* ne laisse entendre rien d'autre que les conditions sous lesquelles toutes les improvisations de l'expérience sont tenues de se produire pour être comprises en un même univers. Ce sont ces conditions dont l'ensemble constitue la raison. En ce sens général la raison est dans les choses avant d'être dans l'esprit. Elle est ontologique avant d'être logique. Elle est – dans les choses – cette part de répétition que l'on vient d'y distinguer. Elle est – dans l'esprit – le reflet et le décalque de cette part de constance.

Une telle déduction de la connaissance et de la raison qui supprime tout intermédiaire étranger entre l'expérience et la connaissance où elle se saisit, supprime du même coup les inquiétudes que suscitaient, quant à la véracité de la connaissance, quant à la confiance que nous pouvions lui accorder, les autres hypothèses où avec Leibniz, Berkeley ou Malebranche, Dieu intervenait comme horloger, ou comme lieu éternel des objets. Dieu, affirmait Descartes, ne peut vouloir tromper les hommes. Mais Pascal ne partageait pas cet optimisme et son doute creusait l'abîme où le vertige s'empare de l'esprit.

Nous n'avons plus désormais les mêmes raisons de nous inquiéter. Mais ce dont il nous faut d'avance prendre notre parti, ce qu'il nous faut savoir, c'est que nous ne pourrons connaître, que nous ne pourrons voir et saisir l'univers qu'à travers ces formes de connaissance que l'expérience métaphysique, en se réfléchissant sur elle-même à quelque moment logique de son développement, s'est à elle-même aménagées, à travers ces fenêtres qu'elle a ouvertes dans notre esprit sur son propre jeu. Après cela, et pour savoir quelle sera la nature de cette connaissance, il nous reste à nous enquérir de ces formes dont il a été dit qu'elles se distinguent à ceci : qu'elles sont communes à toute expérience psychologique que l'on puisse concevoir et que le fait d'être des éléments constamment mêlés à tout donné psychologique, parmi la diversité et l'instabilité de tous les autres éléments, constitue seul leur caractère formel et leur attribue leur considérable importance.

Les identifier, c'est donc rechercher, et rien de plus, quelles sont les conditions communes à toute expérience et sans lesquelles les éléments divers mêlés à chaque expérience donnée ne feraient pas parties de notre univers. Ces conditions sont en petit nombre et ce nombre, il est aussi grave de l'exagérer que de le restreindre.

La première de toutes est celle qui enchaîne l'existence à la connaissance d'elle-même. La seconde, et qui pourrait être déduite de la première, stipule qu'il n'est de connaissance que dans l'opposition d'un objet à un sujet. Du rapprochement de ces deux constats, cette conséquence suit que l'existence, – ce réel que toute la pensée philosophique aspire à posséder, – est *donnée dans un inadéquat invincible, exclusif de tout absolu.* La nécessité pour l'existence de se connaître et, pour se connaître, de tirer de soi les éléments objectifs et subjectifs de tout état de connaissance possible, implique

que, dans tous les cas imaginables et indéfiniment, la part d'elle-même qui tiendra le rôle du sujet sera exclue de l'état de connaissance, de la même façon que dans tout groupe photographique l'opérateur se trouve lui-même exclu du groupe.

Il n'est pas pour l'homme de conséquence plus évidente, ni de plus importante sur l'emploi qu'il lui est permis de faire de ses facultés intellectuelles où joue en miniature ce mécanisme. Mais comme s'il n'eût suffi de cette opération de logique, de ce geste de déduction pour l'informer d'une condition aussi importante du jeu de son activité, les autres formes qui conditionnent également l'apparition de la réalité et sans lesquelles elle n'est pas saisissable, le temps, l'espace, la causalité, lui sont données aussi parmi les perspectives de l'indéfini. S'il n'est pas possible à l'esprit de former une représentation psychologique d'où ne soit exclue cette part subjective que nécessairement en détache sa propre intervention, il ne lui est pas davantage possible d'imaginer un phénomène qui ne soit tributaire, quant à sa genèse et indéfiniment dans l'indéfini du temps et de l'espace, d'un phénomène antécédent. Le principe de contradiction s'ajoute pour leur donner toute leur force, à ce petit nombre de constats qui ne sont aucunement *a prioriques*, qui sont tous impliqués en quelque donnée psychologique que l'on imagine. Ainsi assemblés, ils constituent tout le contenu de la raison et nous signifient que le monde, insaisissable en son tout, nous est donné dans la relation indéfinie du divers au divers, que cette relation est, au regard de la raison, l'essence de sa réalité.

C'est cet ensemble des principes de la raison pure que l'on désignera sous le terme de *principe de relation.*

II

Avec le principe de relation nous voici en possession d'un critère qui nous permettra de distinguer en toutes circonstances dans quelle mesure une idée ou une proposition quelconque sont légitimes et ont droit de cité dans le domaine de la connaissance, dans quelle mesure elles en doivent être exilées. Or il apparaît que, par une singulière contrariété, la *sensibilité* des hommes s'insurge contre les conséquences du principe de relation auquel leur *intelligence* est soumise. Il y a à cette insurrection, une cause dont il serait vain de méconnaître la légitimité : l'existence donnée par la connaissance dans la relation est donnée par la sensibilité dans la souffrance. Point de vue d'hédonisme, dira-t-on, et qui n'a pas, comme mesure des choses, de valeur philosophique. Prétention angélique de philosophes, répondrai-je, qui se targue d'échapper à l'hédonisme ! L'hédonisme est la forme de la sensation. Or c'est dans la sensation que s'éveille le fait de conscience et que se révèle parmi les divers modes de la qualité tout le monde objectif du sens commun et de la science.

En fait, tous les efforts de la dialectique pour éliminer l'hédonisme n'ont fait que le transposer. Le stoïcisme n'est qu'une attitude pour se rendre maître de la douleur. La douleur est l'unique souci, elle est l'unique raison d'être de la doctrine. Le thème de la *Volonté de puissance* ne fait que conditionner la joie par la puissance, en somme, situer la joie dans la puissance. Qu'ai-je tenté moi-même dans la *Sensibilité métaphysique*[1], en substituant à la sensibilité messianique une sensibilité spectaculaire, que proposer, en termes d'hédonisme et dans le domaine de la relation, une justification de la vie? Quand le sens esthétique réconcilie en une unique sensation de beauté l'antagonisme des sensations élémentaires du jouir et du souffrir, c'est en joie, en une joie supérieure, qu'il convertit les unes aussi bien que les autres. Certes avec une telle solution, je n'ai pensé renier ni l'hédonisme ni Épicure. Mais, en écartant tout messianisme, je me suis appliqué seulement à montrer que, dans le *domaine immédiat de la relation*, l'existence renferme un principe de justification qui l'absout d'impliquer des éléments tels que le mal et la douleur, – qu'il est un point de vue, intérieur à toute psychologie, duquel chacun peut découvrir en lui-même ce principe de justification esthétique.

À supposer que l'existence puisse être justifiée de la sorte parmi les perspectives strictement intellectuelles du *principe de relation*, ne peut-il sembler qu'il soit superflu désormais de lui chercher une autre justification et n'y a-t-il pas lieu de déclarer non avenues toutes les aspirations du mysticisme? Qu'est-ce que ce mécontentement qui pousse les hommes à en appeler de la réalité imparfaite et douloureuse à une réalité future de bonheur parfait? À quoi bon ce messianisme? Et n'y a-t-il pas lieu de le condamner définitivement quant aux buts directs qu'il poursuit si, d'une part, l'aspiration où il s'exprime reçoit justement sa satisfaction sous le jour

1. J. de Gaulter, *La sensibilité métaphysique*, Paris, Éditions du Siècle, 1924.

d'une autre conception du réel, si, d'autre part, selon les développements du *Bovarysme* au chapitre du *Génie de la Connaissance*[1], cette faculté de mécontentement est le moyen du mouvement dans le jeu de l'existence, un principe d'action, illusoire quant au but qu'il veut atteindre, mais parfaitement efficace en tant que producteur d'une force indispensable au jeu phénoménal.

De telles raisons cependant ne paraissent pas suffisantes pour se désintéresser de la croyance sous ses formes mystiques. En stricte logique, le fait pour une action ou pour un désir d'être le moyen d'un but qu'ils ne soupçonnaient pas n'exclut pas nécessairement la possibilité d'atteindre celui qu'ils avaient en vue. Et il reste encore que la croyance mystique peut intervenir en des cas où le sens esthétique n'entre pas en jeu, ou que, selon une signification plus profonde, elle pourrait être l'un des modes d'ordre, non pas mental, mais biologique et d'autant plus essentiel, du sens esthétique lui-même.

On ne saurait donc, sur les présomptions que l'on a exposées, rester dans les limites d'un strict intellectualisme et exclure de la réalité le fait mystique, le déclarer sans objet. Si après cela on constate que le sentiment religieux, sous ses formes mystiques, requiert la confusion du désir avec son objet, il faut reconnaître qu'il est irréalisable parmi les perspectives du principe de relation, ce principe n'accordant l'existence que dans la mesure où elle est divisée avec elle-même et, du fait de cette division, tire d'elle-même la part objective de cette connaissance de soi à laquelle il la soumet. La

1. J. de Gaulter, *Le Bovarysme. Essai sur le pouvoir d'imaginer*, Paris, Mercure de France, 1903.

question de la légitimité du sentiment religieux se réduit donc à rechercher si, par-delà les limites de l'horizon intellectuel, définies par le fait de la relation, un autre état est possible.

Or si l'hypothèse d'une existence qui n'aurait pas connaissance d'elle-même est parfaitement inconcevable pour l'esprit, parmi les perspectives du principe de relation, il n'est pas, dans ce principe, de décret promulguant, qu'en dehors de ses propres perspectives, des états ne soient pas possibles qui diffèrent, *toto genere*, de ceux qu'il engendre.

L'intellectualisme en effet se fonde sur la seule autorité de l'expérience, sur le fait d'une improvisation empirique antérieure logiquement à toutes les catégories de l'esprit et dont ces catégories sont le produit. Il se situe expressément sous la dépendance de l'expérience qui, en cours d'évolution, s'est donné comme des fenêtres sur elle-même ces perspectives de la relation, en quoi il consiste, à travers lesquelles elle continue de s'écouler et d'apparaître à sa propre vue. Or deux choses d'un tel point de vue sont impossibles : l'une, c'est, à travers ces perspectives, de voir autre chose que ce qu'elles nous montrent, c'est-à-dire l'indéfini de la relation; l'autre est d'affirmer que, par-delà ces perspectives de la relation que l'expérience, à un moment logique de son développement, s'est données, il n'existe aucun autre état possible de l'expérience.

Voici donc, par-delà les limites de la relation, un domaine où l'intellectualisme n'a pas de principe pour prononcer que l'activité mystique y soit impossible. Constater qu'en quelque domaine elle n'est pas impossible, c'est accorder qu'elle est possible, mais non qu'elle soit réelle.

C'est tout ce que l'intellectualisme peut faire en faveur de la croyance à qui il appartient de se suffire à elle-même et de s'affirmer par son propre mouvement dans ce domaine qui lui est concédé.

Si cependant, du point de vue intellectuel et sans affirmer l'existence de la croyance mystique, on cherche à éveiller, par quelque approximation, l'idée de ce qu'elle pourrait être, il semble que l'on dispose de trois moyens :

A) On peut dire ce qu'elle n'est pas,

B) On peut rechercher ce qu'entendent sous son nom les mystiques et, dans la mesure où leur conception ne se confond pas avec ce que l'on aura trouvé qu'elle ne peut pas être, on la peut accepter pour ce qu'elle *pourrait* être,

C) On peut la concevoir enfin, par analogie avec quelque état, s'il en est, qui se rencontre dans la vie phénoménale et où serait poursuivi, par des moyens donnés dans la relation, le même objet vers lequel semble tendre l'aspiration des mystiques.

A) On a reconnu déjà que le grand ressort du mouvement dans la vie humaine est un fait de mécontentement inlassable qui engendre les religions, les morales et les sciences. Ces trois catégories de l'activité psychique (j'ai fait ailleurs des réserves pour les sciences) sont les symptômes où se manifeste le jugement que l'homme a porté sur l'existence. Il la juge imparfaite, douloureuse et mauvaise. Il la veut changer. Les religions, les morales et les sciences sont trois moyens par lesquels l'homme s'efforce vers un même but : faire en sorte que la vie devienne autre qu'elle n'est.

Si le sens mystique a une signification qui lui soit propre, il semble donc que nous ne puissions la rechercher que dans l'inversion de l'attitude engendrée dans l'esprit humain par la considération de la vie à travers les perspectives du principe de relation. Le mysticisme, à l'encontre de ce mécontentement qui engendre le désir de changer ce qui est, sera donc le sentiment de la perfection de l'existence. Susciter et développer, dans la conscience, par les moyens qui lui sont propres, la certitude de cette perfection, convertir cette certitude en une réalité psychique indéniable et vivante, telle sera son activité essentielle. Et cette activité aboutira à réconcilier l'homme avec sa destinée, à introduire dans son esprit un état de quiétude et d'apaisement et, *par-delà toute évidence*, une confiance absolue en la bonté et l'harmonie de l'univers dans lequel il est compris.

B) Le mysticisme comme sentiment de la perfection de l'existence, voici donc l'identification à laquelle aboutit la méthode *a contrario* dont on vient de faire usage. Renseignement d'une extrême importance et qui est riche de conséquences.

Si l'on consulte après cela l'expérience mystique telle qu'elle s'est manifestée chez un Ruysbroek l'Admirable, chez un François d'Assise, chez une sainte Thérèse, chez un saint Jean de la Croix, il semble que l'état accusé par ces mystiques comme réalisant l'aspiration où leur désir se tend soit, aussi bien dans l'extase que dans les modes intellectuels de leur vie intérieure, celui d'une euphorie parfaite, impliquant une approbation générale de l'existence, une adhésion au cours des choses tel qu'il est et quel qu'il soit. C'est d'ailleurs dans le quiétisme d'un Molinos et d'une Madame Guyon, c'est quand il encourt le reproche d'hérésie que le mysticisme se montre dans sa plus grande pureté. Car il se sépare alors de la morale dont on montrera qu'elle est ce qui lui est le plus contraire et des religions positives en tant qu'elles sont liées à la morale.

C) Le troisième moyen qui nous soit donné d'approcher quelque image du sentiment mystique, c'est le sens esthétique, qui, de nature subjective en son origine, s'objective en la production de l'œuvre d'art où il révèle son activité et sa réalité.

C'est au nom du sens esthétique que je me suis appliqué dans la *Sensibilité métaphysique*[1] à opposer au messianisme moral, et sans sortir des perspectives de la relation, une justification de l'existence en sa totalité. Et c'est en effet dans le sens esthétique qu'un point de vue est aménagé duquel se révèle la métamorphose, comme du pain et du vin en une chair et en un sang divins, du jouir et du souffrir en l'unique sensation de beauté. C'est d'un tel point de vue que les événements et les phénomènes se voient retirés du jeu de la causalité qui les emportait dans un flux indéfini, que le mal et la douleur dépouillent leurs masques et révèlent le caractère fictif de leur nature. C'est d'un tel point de vue que l'existence apparaît, comme le veut Spinoza, sous les espèces de la perfection ou, selon la vue admirable de Flaubert, égale en beauté à l'aphorisme du maître de l'*Éthique*, comme si l'univers des objets, des événements, des sentiments

1. J. de Gaultier, *La sensibilité métaphysique*, op. cit.

et des pensées n'avait d'autre but que d'être un modèle pour une réalité à décrire, réalité nouvelle et transposée, celle de la beauté.

À travers cette conception qui permet de repousser dans le néant, après qu'il a rempli son office de modèle et qu'il a tenu la pose, tout le réel engendré par le principe de relation, le véritable et seul légitime objet de la croyance religieuse n'est-il pas atteint? L'esprit n'est-il pas délivré de ce principe de mécontentement transcendant qui souffre de l'hallucination du monde et la perpétue? À vrai dire, il semble qu'ici le sens esthétique et le sentiment religieux presque se confondent, car le sens esthétique apparaît comme un grand maître en mysticisme. Il crée en nous une croyance expressément inverse de celle qui nous persuade en l'état normal de la réalité du monde extérieur. En métamorphosant en sensation de beauté le plaisir et la douleur, il ouvre un jour sur ce que pourrait être l'activité essentielle du sentiment religieux dessillant les yeux hallucinés par le prisme du principe de relation et révélant un nouvel aspect des choses, comme au moyen d'une grille qui, sans changer l'objet, en changerait la signification.

III

C'est à ce point qu'il en fallait venir pour signaler le lien étroit qui, à travers un idéalisme esthétique, unit le pur mysticisme au pur intellectualisme. Que l'on ne s'y trompe pas, ce ne sont pas doctrines propres à sauver le monde. Les religions positives ont trait à l'homme social. Mais le sentiment religieux n'intéresse que l'individu, l'individu s'identifiant avec l'être des choses,

assumant la responsabilité de l'existence, comme s'il
en fût le créateur, et voulant que son œuvre soit bonne.
Le mysticisme, comme l'intellectualisme en tant qu'il
aboutit à la création du sens esthétique, c'est le pouvoir
de voir les choses sous le jour de la perfection. « La
théologie, disais-je en un livre récent[1], à la plus haute
de ses cimes, a identifié en cette formule la béatitude des
élus : *voir Dieu*. La sensibilité spectaculaire compose
une forme analogue du bonheur. Elle a pour formule :
voir le réel, c'est-à-dire s'élever, à l'égard de la réalité,
de l'attitude de l'exploitation, de l'utilisation, du
profit, à l'attitude de la contemplation, de l'attitude du
messianisme à celle du spectacle ».

Une des conséquences les plus tranchantes de ces
analyses est que le sentiment religieux sous la forme
pure du mysticisme reconnaît pour ce qui lui est le
plus opposé la morale. Il y a antagonisme entre le
sentiment religieux et la morale. La morale est sentiment
de l'imperfection de l'existence. Le mysticisme est
sentiment de la perfection de l'existence. La morale
veut changer ce qui est. Elle le veut changer en autre
chose, elle veut changer le mal en bien. Le mysticisme
ne veut rien changer. C'est l'existence telle qu'elle est
qu'il doit sanctifier de son approbation. Que le mystique
fasse un geste pour transformer le loup en agneau,
qu'il s'efforce de dissuader le meurtrier de son forfait,
il a perdu la partie, il est déchu de son rang mystique
et la croyance dont il témoigne de pouvoir changer ce
qui est, atteste que son pouvoir est épuisé ou n'exista
jamais de sanctifier et transfigurer ce qui est. C'est là le

---

1. *La sensibilité métaphysique*, *op. cit.*, p. 246.

cœur de la question. Confondu avec le tout du monde, c'est le monde en sa totalité que le mystique exalte et magnifie, le monde en sa totalité, y compris le drame qui apparaît et se développe à travers le principe de relation. Le monde en sa totalité, tel et inchangé, tel, atroce et douloureux pour la sensibilité, révoltant pour la raison, tel et non autrement, c'est ce monde qui est beau et bon, c'est ce monde qui est perfection pour le mystique et si ce n'est ce monde, tel et inchangé, qui est justifié par l'illumination mystique, si un seul cri de douleur y est étouffé, si un seul crime y est empêché, reconnaissez à ce signe que la grâce religieuse est inopérante et que le monde est livré de nouveau au jeu pervers de la causalité.

Pour résumer : *rien de ce qui est révélé au mystique en deçà du principe de relation ne passe au-delà et ne peut agir sur le monde que gouverne le principe de relation.*

À quoi bon la croyance ? s'écrieront la plupart des croyants. Mais à ce cri ils témoigneront qu'ils ne sont pas des croyants. L'artiste qui a créé une œuvre avec les moyens propres à son art ne trouve pas son œuvre vaine parce qu'elle ne change pas le jeu des causes dans le cœur des hommes, ni dans l'histoire. Mais en tant qu'il est possédé de l'émotion esthétique, il s'exalte d'avoir transfiguré le réel dans son œuvre, de l'avoir dépouillé de sa malfaisance, d'en avoir découvert l'aspect rayonnant.

La croyance mystique, elle aussi, est ce pouvoir de transfigurer le réel, non de le changer. Il y a dans les Évangiles un Jésus qui refuse de faire des miracles, qui ne consent ni à se précipiter dans le vide du sommet de la montagne, ni à convertir en pain les rochers du désert. C'est le même Jésus qui refuse de promettre aux hommes un bonheur futur dans une autre vie et leur dit : Le royaume de Dieu est en vous, vous possédez le bonheur. Changer le mal en bien, faire que les choses soient autrement qu'elles ne sont et seulement le vouloir, c'est accorder que le mal existe, c'est, de la part du croyant mystique, se précipiter dans le vide de la cime de la montagne, c'est renier son pouvoir de transfigurer le réel, et, par la seule vertu d'un feu intérieur, de le faire voir tel qu'il est, de le délivrer du mal.

Ainsi le mysticisme, la croyance sous ses formes pures a partie liée avec le pur intellectualisme. Le pur mystique comme le pur intellectuel nie la liberté, le pouvoir départi aux hommes, avec ce fameux libre arbitre, de se changer eux-mêmes et de changer le cours des choses. L'intellectuel sait qu'à travers les perspectives du principe de relation aucune fin ne peut être atteinte, aucune solution où les choses se concilieraient dans une harmonie absolue. Le mystique le sait aussi. Le mécanisme psychologique qui joue en lui n'est pas celui de la cause à l'effet, mais celui du rêve au réveil. Rien ne s'arrange dans le rêve, rien ne se résout tant que la causalité engage l'esprit dans le jeu d'un enchevêtrement sans fin. Mais le réveil rompt le sortilège, dissipe l'angoisse.

L'activité du mystique s'exerce d'un côté du principe de relation : l'activité intellectuelle de l'autre. Une barrière les sépare que ni l'une ni l'autre ne franchissent. Mais l'une et l'autre s'opposent en vertu de leurs disciplines propres à toutes les formes du rationalisme, qu'elles soient celles de la croyance demandant à la raison un point d'appui qui ne peut que précipiter sa chute, qu'elles soient celles du rationalisme philosophique introduisant en fraude dans le domaine de la relation, sous le masque de la raison, des postulats promulgués par la foi, justice, égalité, finalité, bonheur pour lesquels du moins, avec prévoyance, la foi avait aménagé, hors de la relation, un monde sur mesure.

IV

Je me suis appliqué, dans la *Vie mystique de la Nature*[1], à relever des états où l'adaptation de l'activité de l'existence à sa fin implique, avec une connaissance moindre d'elle-même, une moindre intervention du principe de relation, une division moindre d'elle-même avec elle-même, une béatitude plus proche de l'état mystique. Ainsi de la vie des bêtes et de la vie de la nature qui attirent l'homme, quand il s'y mêle, plus près des confins du principe de relation. Jamais toutefois, au cours de l'analyse, ces limites ne sont franchies. Si l'homme y est montré participant à la vie mystérieuse de la nature, se penchant sur elle et se prêtant à sa suggestion, il y apparaît aussi que toujours il y ajoute un état de conscience actif emprunté au principe de relation, par où il demeure enraciné dans l'esprit intellectuel.

Faut-il rechercher des exemples plus concrets chez les mystiques religieux ? L'attention accordée aux différentes formes de l'activité subconsciente a donné depuis quelques années un grand regain aux études qui ont trait à la mystique. C'est ainsi qu'aux magistrales

1. J. de Gaultier, *La vie mystique de la nature*, Paris, Crès, 1924.

analyses de M. Henri Delacroix se sont ajoutés les beaux travaux de M. Louis Massignon sur la mystique arabe et ceux de M. Jean Baruzi sur Saint Jean de la Croix. Mais chez les mystiques religieux ne se rencontrent que des états exceptionnels, subjectifs, incommunicables et dont la tare la plus grave est qu'ils sont sollicités le plus souvent par des procédés physiologiques ou intellectuels trop méthodiquement volontaires. Beaucoup plus intéressant, selon moi, est l'effort des penseurs qui ne se sont pas appliqués à réaliser en eux-mêmes l'état mystique, mais qui, par une méditation intellectuelle constante, ont témoigné que le souci mystique occupait le centre de leur vie intérieure.

Or, si, parmi ceux-ci, il faut citer avec un Pascal, des écrivains tels que Tolstoï ou Dostoïevski, il est actuellement un penseur qui peut pour nous résumer tous ceux-ci parce qu'il a étudié chez eux, avec une avidité passionnée comme les éléments de son propre souci, l'essence mystique de leur pensée. C'est M. Léon Chestov, que la tempête soviétique a rejeté sur nos côtes et que nous garderons, le tenant déjà pour le plus haut et le plus original représentant de la pensée philosophique russe.

Or, M. Chestov présente ce particulier intérêt qu'il est venu à des conclusions proches de celles qui ont été exposées au cours de ces analyses d'un point de départ contraire. C'est en raison d'un souci intellectuel et pour éviter le dogmatisme que j'ai pensé devoir laisser place, en deçà du principe de relation, à l'expression d'une foi mystique. C'est, au contraire, sous l'empire d'un besoin mystique que M. Chestov a recherché pour le sentiment religieux un domaine où il ne pût se heurter à aucune contradiction logique et qu'il a situé l'objet de la croyance par-delà toute objection où il pût se briser. Il s'est trouvé que ces deux soucis contraires se sont accordés pour attribuer au sentiment religieux un même territoire où il se pût exercer sans contrainte, en sorte que, ne laissant place à aucun compromis, ils se rejoignent en des conclusions aussi utiles à l'intellectualisme qu'au sentiment religieux.

M. Chestov situe, comme je le fais moi-même, le mysticisme en deçà du principe de relation. Comme je le fais moi-même, il n'accorde pas que ce qui est situé en deçà du principe de relation puisse avoir quelque action sur ce qui est situé sous sa dépendance. Il suppose la cloison étanche. Il est, au nom du mysticisme, antirationaliste autant que je le suis moi-même au nom de l'intellectualisme. Pas plus que moi il n'admet qu'à travers les perspectives de la relation on puisse atteindre le bien, ni le vrai, ni la justice, ces idées que les différentes religions ont réalisées dans le domaine de la foi et que le rationalisme a eu la prétention d'introduire, privées de la foi qui les supportait dans le domaine de la raison qui les repousse.

Ces conclusions me paraissent si importantes que je n'oserais, craignant d'être considéré comme partie au débat, les attribuer moi-même à M. Chestov. Je ferai donc abstraction de mes propres estimations et, pour montrer chez M. Chestov l'accord des formes pures de la croyance avec le pur intellectualisme, c'est au critique le plus qualifié de sa pensée, à M. Boris de Schloezer,

que j'emprunterai une interprétation dont je sais qu'elle
a l'entière approbation du philosophe.

Le comparant et l'opposant à Socrate « rationaliste
et moraliste enthousiaste », M. Boris de Schloezer
nous montre un Chestov « irrationaliste et immoraliste,
mais non moins enthousiaste, esprit essentiellement
religieux »[1]. Et cette peinture à grands traits déjà met
en évidence les caractères communs de l'intellectuel
et du mystique tels qu'ils viennent d'être déduits de
l'analyse des doctrines. *Immoraliste et religieux*, le
critique insiste sur ce double caractère et joignant au cas
de M. Chestov celui de Nietzsche et de Dostoïevski :
« La guerre, dira-t-il, qu'ils mènent contre la morale est
religieuse en son essence »[2]. Pour Chestov, le crime de
la morale est qu'elle met quelque chose au-dessus de
Dieu. Pour nous, intellectualistes, la tare de la morale
est qu'elle met quelque chose au-dessus de l'Expérience,
qu'au lieu de chercher sa réalité propre parmi les modes
de l'expérience, elle place l'expérience, qui est le tout
du monde, sous la dépendance d'une idée qui lui serait
extérieure, transgressant ainsi, au mépris du principe de
contradiction, les limites du concept philosophique. Et la
croyance pure est ici parfaitement d'accord avec le pur
intellectualisme pour disqualifier ces divers réalismes
qui se manifestent dans l'Idée platonicienne, dans toute
une part de la théologie du Moyen Âge qui plaçait Dieu
sous la dépendance des Idées et le soumettait à des Lois,
enfin dans le rationalisme contemporain qui, dérobant en
cachette aux dogmes religieux leurs impératifs moraux,

---

1. *Les Révélations de la mort*, Préface, Paris, Plon, 1923, p. 38.
2. *Ibid.*, p. 30.

taille dans la substance de la raison pure de fausses catégories, comme de fausses poches, pour y introduire ces objets volés ; – aussi destructeur de la foi que de la raison.

Le terrain d'entente entre l'intellectualisme et la croyance reste parfaitement défini. C'est celui même de la contrariété des domaines où ils évoluent, le refus, de l'un comme de l'autre point de vue, de faire jouer dans le domaine de l'un ce qui est du domaine de l'autre. « La question n'est pas de savoir si telle ou telle chose est sainte, mais si ce qui est saint pour nous est tel véritablement, c'est-à-dire au regard de Dieu, de ce Dieu qui est par-delà le Bien et le Mal, par-delà la Vérité et l'Erreur »[1].

« Après avoir ébranlé la morale humaine, Chestov, constate M. de Schloezer, s'en prend à la science, aux fondements de notre logique. Il ne nie aucunement leur valeur pratique, mais il se refuse à admettre qu'ils épuisent la réalité, il cherche au-delà »[2]. Et c'est encore à l'occasion d'une nouvelle catégorie, celle de la logique après celle de la morale, la même discrimination de domaines. Confirmant ce point de vue essentiel : « On ne s'organise pas, dit Chestov, avec *ou* contre Dieu ; toute organisation, tout arrangement sont en dehors de Dieu. Ce sont choses excellentes, mais essentiellement humaines, terrestres, et, religieusement, métaphysiquement, indifférentes »[3].

---

1. *Ibid.*, p. 41.
2. *Ibid.*, p. 51.
3. *Ibid.*, p. 90.

De telles déclarations me sont précieuses. Si, à vrai dire, j'en eusse trouvé la substance dans les ouvrages de M. Chestov déjà traduits en notre langue, je ne me serais prononcé que sur une information incomplète ; car ces œuvres, et c'est une lacune que l'on tente de combler ici, sont en petit nombre. Les énumérations de M. de Schloezer se fondent, au contraire, sur la connaissance dans le texte russe de l'œuvre entière du penseur. Elles permettent d'attribuer une importance catégorique à cette maxime : « Toute organisation, tout arrangement sont en dehors de Dieu », et d'y voir une réplique d'ordre mystique à ce constat d'ordre intellectuel sur lequel se fonde l'esprit positif : « Rien ne passe de ce qui est en deçà du principe de relation en ce qui est au-delà. ».

Sous le jour de ces deux maximes, il apparaît que le mysticisme a sa place marquée dans les cadres de l'intellectualisme et qu'il y tient un rôle. En spécifiant le domaine strictement dévolu à la croyance, il exclut celle-ci de tous les domaines où elle tenterait de s'introduire en fraude. L'intellectualisme trouve ainsi en lui un allié et qui dénonce parfois des contrefaçons de ses propres modalités avec une susceptibilité dont il ne saurait témoigner au même degré.

Tel est, à vrai dire, l'office que remplit M. Chestov avec *L'Idée du Bien chez Tolstoï et chez Nietzsche*, et ce ne sera pas la moindre nouveauté que le lecteur découvrira dans ces analyses d'un tour si puissamment original que d'y voir, d'un point de vue mystique, dénigrer Tolstoï et exalter Nietzsche.

M. Chestov fait grand état de la nouvelle de la mort de Dieu annoncée par Zarathoustra au vieil ermite.

Il compte Nietzsche, avec Spinoza, parmi ceux qui ont assassiné Dieu. Ne préjuge-t-il pas toutefois des intentions de Nietzsche quand il lui prête après cela le souci de créer un Dieu nouveau ? Serait-ce-là, ce Dieu nouveau, le surhomme de Nietzsche ? Ici, peut-être faudrait-il s'entendre. Mais l'ouvrage s'achève sur ce vœu énigmatique. M. Chestov ne sort pas de sa réserve. Ici, non plus qu'en aucun autre des ouvrages que j'ai lus de lui.

M. Chestov ne nous livre pas son secret. Mais faut-il se demander, se l'est-il confié à lui-même ? « La conviction que le monde est naturellement explicable », telle est, selon lui, l'essence de la philosophie de Descartes, telle est, dira-t-il, la prémisse de Descartes, et elle implique son but : « chasser à tout prix le mystère de notre vie ». Mais ne pourrait-il se faire qu'une telle prémisse fût à l'opposé de la réalité ? Et si le monde précisément n'était pas explicable ! – Telle est, mystiquement opposée au rationalisme cartésien, la conviction de M. Chestov et qui justifie cette invocation à Pascal « que l'on ne nous reproche pas notre manque de clarté parce que nous en faisons notre profession ».

Mais n'est-ce pas ici que l'accord est le plus éclatant entre le mysticisme et l'intellectualisme ? Fondée sur les axiomes les plus inévitables de la raison pure, stipulant que l'existence se conçoit nécessairement autre à tout instant dans un mouvement indéfini de division d'elle-même avec elle-même et que le jeu essentiel selon lequel elle s'engendre s'oppose à tout jamais à la possession d'elle-même par elle-même dans un état de connaissance intégrale, n'est-ce pas une métaphysique du Mystère que proclame, selon le corollaire bovaryque, la maxime de l'inadéquat?

Jules de Gaultier[1]

---

1 Jules de Gaultier (1858-1942) est un philosophe français fortement influencé par Schopenhauer et Nietzsche; sa pensée fut inspirée par le roman de Flaubert, *Madame Bovary*, qui pousse l'esprit humain à rechercher une échappatoire à la réalité, à créer de lui-même une image faussée, embellie : mensonge tragique nécessaire à l'acceptation de son destin. Il a publié *De Kant à Nietzsche* (1900), *Le Bovarysme* (1902), *La Fiction universelle* (1903).

PRÉFACE

Le lecteur trouvera dans le chapitre VII de ce livre ces quelques lignes d'une lettre de Biélinski :

> Admettons que j'arrive au plus haut degré de l'échelle de la culture : je ne cesserai pas, quoi qu'il en soit, de vous réclamer des comptes pour chacun de ceux que les conditions de l'existence, l'histoire, le hasard, la superstition, l'inquisition de Philippe II, etc., ont rendu victimes : sans cela, je préfère me jeter la tête première en bas de l'échelle ; même gratuitement, je ne veux pas accepter le bonheur : il faut encore qu'on me rassure au sujet de *chacun* de ceux qui sont mes frères par le sang. La désharmonie est paraît-il, la condition de l'harmonie : il se peut que cela soit très avantageux et très doux pour les mélomanes, mais non dans tous les cas pour ceux qui doivent nous donner une expression de l'idée de désharmonie.

Si je cite ces lignes, ce n'est pas que j'ai l'intention, pour soutenir mes idées, de m'appuyer sur l'autorité de cet illustre écrivain. Je vois même clairement qu'il ne m'est pas possible de m'autoriser de l'œuvre de Biélinski écrivain : tout au contraire. Afin de pouvoir l'invoquer

en ma faveur, j'ai dû recourir à sa correspondance et non
à ses ouvrages. Le fait peut d'ailleurs sembler étrange si
l'on pense que ce passage a été cité plus d'une fois dans la
littérature russe et par des écrivains des tendances les plus
différentes. Quels sont donc ces mots énigmatiques sur
lesquels des hommes dont les convictions s'opposaient
ont pu cependant se rencontrer? L'idée qu'ils renferment
serait-elle trop générale et trop peu définie pour ne pas
donner lieu à des interprétations multiples? À mon
sens, il n'en est rien. Je doute que, dans tout ce qu'a
écrit Biélinski, on puisse trouver un passage où il ait
réussi à s'exprimer avec plus de clarté et de précision.
Toutefois, en dépit du sens clair d'expressions simples
que rien ne peut obscurcir, des interprétations différentes
de cette lettre ont été possibles. Aucun de ceux qui l'ont
citée n'a observé que l'idée qu'elle exprime se trouve
en criante contradiction avec tout ce que Biélinski disait
dans ses articles. On l'a interprété dans le même sens
que sa fougueuse prédication littéraire et que sa lettre à
Gogol. Ici, comme dans tout ce qui venait de Biélinski,
on ne voulait voir que le grand idéaliste élevant, pour
la défense de la charité, de l'humanité, du bien, sa voix
puissante. Il rejette la philosophie, il rejette Hegel parce
qu'on lui proposait, pour compenser la mort de centaines
de Paul, de se contenter de la perfection d'un Pierre!
Dans ces exigences, on ne voulait voir et on ne voyait
qu'une expression originale des besoins d'une âme
juste et charitable. C'est pourquoi on lui pardonnait,
on ne remarquait pas même la forme paradoxale, au
fond absurde, qu'il avait donnée à sa pensée. En effet,
pour chacune des victimes de l'histoire, des victimes de

Philippe II, quelle satisfaction Hegel pouvait-il donner à Biélinski ? Si Philippe II a brûlé sur le bûcher une quantité d'hérétiques, en demander compte aujourd'hui n'a aucun sens. Ils sont brûlés : aucun retour n'est possible, il n'est plus temps d'y porter remède, leur affaire est à jamais terminée. Personne ici, Hegel lui-même, ne peut rien : qu'on proteste, qu'on s'indigne, qu'on demande des comptes à l'Univers, pour ceux qu'on a torturés, pour ceux qui sont morts d'une façon intempestive, il est évidemment trop tard. Il ne reste qu'à se détourner de ces tristes histoires. Ou si l'on veut absolument qu'une théorie comprenne chacun des événements essentiels de notre vie, il faut imaginer quelque chose dans le goût de l'harmonie universelle, à savoir une caution solidaire de l'humanité ; on devra compter dans le passif de Jean l'actif de Pierre ; ou bien renoncer complètement à faire un bilan pour la vie de chaque personne : donnant une fois pour toutes à l'homme le nom « d'individu », on admettra que le but suprême se trouve dans un principe général quelconque, auquel on doit sacrifier « l'individu ». C'est à ce point que finit le lyrisme et que la philosophie commence, la véritable philosophie, celle qui embrasse tout et dans laquelle, avec une grande précision, on expliquera clairement pourquoi Philippe II et l'histoire ont torturé et torturent encore les hommes, et s'il restait encore quelque chose de problématique, il ne s'agirait que d'un petit nombre de questions touchant la théorie de la connaissance, le temps et l'espace, la causalité, etc. Mais pour de telles questions, il est évident qu'on peut attendre. Si l'on n'a pas encore trouvé de véritables explications, provisoirement, il est possible de se contenter d'hypothèses. Comme toute la philosophie, en effet, ces questions ont surgi, si nous en croyons Aristote, δià τò θαυμάζειν[1]. Et, pour satisfaire la curiosité provenant de l'étonnement, est-il si indispensable de trouver la vérité ? Ou n'est-ce pas plutôt le contraire ? Au fond, la « vérité » n'est pas nécessaire et si, tout à coup, on la trouvait, la surprise serait des plus désagréables. Toujours est-il que Lessing l'affirmait (et il savait ce qu'il disait), lorsqu'il demandait à Dieu de garder la vérité pour Lui, et de laisser à l'homme la faculté de se tromper et de chercher. Mais il est évident que Biélinski, bien qu'il restât l'éternel disciple des maîtres européens, pensait et parlait d'une tout autre façon lorsqu'il était seul ou dans les conversations qu'il avait en privé avec ses amis. La recherche alors ne suffisait plus – il exigeait la vérité entière et protestait ardemment contre la tradition de ses maîtres.

Une telle protestation était dangereuse. En premier lieu, elle menaçait l'idéalisme de Biélinski. Quels sont, en effet, la nature et le fondement de l'idéalisme ? L'homme croit que tous ses doutes, toutes ses questions, toutes ses recherches ne sont qu'une affaire de temps. Ces problèmes ont reçu depuis longtemps une solution définitive et excellente. On n'a plus qu'à trouver le temps de réfléchir, à continuer de se développer intellectuellement : ce que les autres savaient déjà bien avant nous deviendra assez clair à nos propres yeux. Ceci explique que l'idéalisme trouve son terrain naturel et les plus grandes facilités de développement dans un pays de civilisation nouvelle, à condition toutefois qu'il

---

1. De l'étonnement.

subisse l'influence d'une civilisation plus ancienne. De même, dans une famille, ce sont généralement les cadets qui deviennent des idéalistes. Ils acceptent sur parole les convictions des aînés qui ont des connaissances plus étendues, sont plus expérimentés, plus habiles en tout, plus parfaits. À l'enfant, chaque mot d'une grande personne paraît énigmatique et plein de contenu. Et plus il est inintelligible et inaccessible, plus il séduit une intelligence jeune qui voit en lui la source de la force et de la supériorité des aînés. Telle est la position que la jeune Russie a longtemps occupée par rapport à l'Occident. Chaque mot qui venait de là-bas semblait saint. Ces conditions ont eu, dans le développement de notre littérature, une influence prépondérante sur le caractère des tendances idéalistes, en particulier dans l'œuvre de Biélinski. L'Occident, notre aîné, était sans conteste plus intelligent, plus riche et plus beau que nous. Nous avons pensé que son savoir et son expérience en étaient la cause. Nous avions foi en lui, persuadés qu'il avait le mot de l'énigme et qu'ainsi, toute difficulté serait tranchée. Nous avons donc cherché ce mot dans la science que nous avons adorée bien avant de l'avoir connue. Mais quelle désillusion du s'ensuivre, lorsque chaque idéaliste, examinant de plus près ce qu'il avait sanctifié, a reconnu qu'il ne s'agissait pas de « vérité », mais tout au plus de « recherche de la vérité ».

C'est précisément par une désillusion de cet ordre qu'il faut expliquer la lettre de Biélinski dont il est question. On comprend ainsi l'attitude qu'il a prise à l'égard de Hegel, ses exigences bizarres et sans portée. S'il avait lu cette lettre, Hegel aurait traité Biélinski de sauvage. Exiger de la philosophie qu'elle rende compte de chacune des victimes de l'histoire! Serait-il possible qu'une telle affaire puisse la concerner? D'ailleurs, est-il seulement permis, est-il nécessaire de s'adresser à qui que ce soit avec des exigences de ce genre? Hegel affirmait, il est vrai, que la réalité est raisonnable. Mais si Biélinski expliquait ces mots dans ce sens que, sur cette terre, la victoire est garantie à la « vérité », il n'en est pas responsable. Car ce n'est pas de cela qu'il s'agit. Hegel était lui-même idéaliste. Les Allemands comme les Russes avaient eu eux-mêmes leur Occident et avaient appris, en leur temps, à croire aux idées. Seulement ils étaient plus pondérés, plus solides dans leur croyance – c'est là une affaire de caractère et une particularité nationale. Aussi n'approchaient-ils leur divinité qu'à genoux ployés et sans en rien exiger. Ce que voulait dire Hegel lorsqu'il affirmait que la réalité est raisonnable, c'est uniquement que la science doit être placée au-dessus de toutes choses et qu'on doit en conséquence représenter la vie comme répondant pleinement aux exigences de la raison. L'idéaliste ne s'occupait pas de savoir si cette correspondance existait ou non dans la réalité : l'essentiel, c'était pour lui que cette vérité fût promulguée dans les chaires et dans les livres. Les idéalistes allemands ont compris leurs maîtres à la perfection. Dans les arts, dans les sciences (même dans les sciences sociales et historiques), la réalité était travaillée de telle façon qu'elle rendait toujours témoignage à la gloire de la raison humaine (qui, en Allemagne, continue à se fonder avec orgueil sur ses *a priori*). L'idéalisme triomphait, il triomphe jusqu'à nos jours dans ce pays surprenant. Or, Biélinski intervient tout à coup, exigeant qu'on lui rende compte de chacune des victimes de l'histoire ! De *chacune* – entendez-vous ? Il ne veut pas, fût-ce pour toutes les harmonies du monde, céder un seul de ces hommes ordinaires, simples, moyens, que les historiens et les philosophes comptent par millions, les regardant comme la chair à canon du progrès.

Cette exigence n'est déjà plus de l'humanité, de l'idéalisme : on est en présence de quelque chose de nouveau. Les historiens et les philosophes allemands sont aussi humains. Quand les affaires du progrès sont réglées, ils s'occupent très volontiers des victimes de l'histoire – mais c'est tout ce qui est exigé, tout ce qu'au nom de l'humanité on peut exiger. Il est encore possible d'obtenir d'eux des promesses en ce qui concerne l'avenir : comme on le sait, d'après les données de la science, dans l'avenir, on n'aura plus besoin de victimes, et il arrivera un jour où l'on verra la fin du mouvement absurde qui ordonne la vie de telle sorte que des hécatombes soient nécessaires à la prospérité d'un seul. C'est tout ce dont la science dispose pour consoler les victimes. Dans l'avenir, le bonheur obligatoire de tous les hommes, sans exception, est promis. Biélinski le sait très bien et c'est ce qu'il professe avec une si grande éloquence dans ses nombreux articles, mais seul avec lui-même, il est indigné de son propre lyrisme. Et dès lors, non seulement il refuse de sacrifier aux hommes qui doivent naître dans cent ou mille ans, les hommes présents et vivants – mais il se souvient également de ceux qui, dans un passé lointain, ont péri dans les tortures et il demande

satisfaction à leur sujet. Il est clair, je suppose, qu'il ne
s'agit pas de simple humanité dans un tel cas. L'humanité
doit adoucir, tranquilliser les hommes et les réconcilier
avec une certaine activité au profit de leur prochain. En
un mot, l'humanité répond, donne des réponses à des
questions, alors que Biélinski interroge et de telle façon
que ses questions menacent de désemparer les idéalistes
les plus croyants. Car s'il est permis d'interroger ainsi,
probablement (et même presque certainement) aucune
réponse ne suivra ; du moins, faudra-t-il aller chercher la
réponse dans les domaines que l'idéalisme redoute plus
que le plus affreux désert. Dans ces domaines, la formule
courante de l'idéalisme peut recevoir un sens contraire.
« Tout ce qui est réel est raisonnable » ne devra pas être
compris dans ce sens : que la réalité doit être adoucie et
parée jusqu'à ce que la raison la trouve organisée d'après
ses lois, mais bien ainsi : que la raison doit accepter de
la réalité des « a posteriori » à la place des anciens « a
priori ». Et comprenez-vous bien où cela conduit ? Si on
ne peut trouver nulle trace d'humanité dans cette réalité
– en d'autres termes, si on ne peut rendre personne
responsable des victimes de Philippe II, la raison sera
peut-être dans la nécessité de renoncer complètement
à ses principes magnanimes et à avoir recours à une
autre loi... Après tout, si la « réalité est raisonnable »,
si on ne peut s'en départir, ni la nier, s'il faut l'accepter
et la vénérer – dans ce cas, ne doit-on pas aboutir au
quiétisme ? Or, ce nom seul effraie : il a jusqu'à présent
fait reculer devant diverses théories les hommes les plus
courageux.

Tout cela, le « frénétique Vissarion » ne le raconte pas à ses lecteurs. Tout cela, l'âme de l'écrivain le garde en grand secret au fond de son laboratoire. Et dans les articles, la « frénésie » se change en foi hardie, vivante et lumineuse, foi dans l'avenir heureux, qu'un jour ou l'autre la science nous procurera. On laisse les doutes à la maison, ou bien on les oublie au « préférence »[1].

Le public n'a pas besoin de savoir tout cela. Il n'a pas besoin de savoir non plus que le maître écrit ses articles d'un seul jet, presque dans un accès d'oubli de soi. Le public, en général, ne doit pas en savoir trop long. Il a besoin d'idéals et celui qui veut le servir est obligé, quoi qu'il en coûte, de les lui fournir. Vieille histoire ! L'écrivain est comme une tigresse blessée, revenue près de ses petits, dans sa tanière. Une flèche dans le dos, elle doit nourrir de son lait des êtres faibles et sans défense, qui demeurent indifférents à une blessure fatale. Or, Biélinski lui-même était blessé : sa « frénésie », sa lettre, sa « préférence » en témoignent ; toutefois, jusqu'à la fin de sa vie, il est demeuré, sans relève, à son poste, s'acquittant de sa besogne.

En Russie, le servage existait, non seulement dans le code, mais aussi bien dans les cœurs ; il y avait en Russie encore bien des choses du même genre. La Russie avait besoin d'un publiciste, d'un soldat. Biélinski n'avait pas le temps de quitter son poste, il ne lui était pas loisible de penser à sa flèche. Et il était toujours prêt à lutter contre ceux qui ne lui venaient pas activement en aide.

C'est dans ce sens que j'ai dit qu'il ne m'est pas possible de m'autoriser de l'œuvre de Biélinski écrivain,

---

1. Jeu de cartes pratiqué avec passion par Biélinski (N. d. t.).

tout au contraire. Mais chaque chose à son tour. La tactique de Biélinski serait peut-être aussi déplacée aujourd'hui qu'elle était légitime et indispensable de son temps. Garder le silence, taire ce qu'il taisait, ne serait nullement un exploit, mais un crime. Il est vrai que nous ne savons pas encore aujourd'hui si l'arbre de la science est aussi l'arbre de la vie, mais nous n'avons plus le choix. Nous avons goûté aux fruits du premier et maintenant – que nous voulions ou non – nous sommes obligés de soulever le voile du mystère que Biélinski cachait avec tant de précautions, et nous devons parler ouvertement de ces questions dont il n'osait parler qu'avec ses amis les plus intimes.

CHAPITRE I
[TOLSTOÏ, UNE CONCEPTION DU MONDE]*

> *Wehe allen Liebenden, die nicht noch eine*
> *Hohe haben, welche über ihrem Mitleiden*
> *ist!*

> Fr. Nietzsche, *Also sprach Zarathustra.*

Dans son livre, *Qu'est-ce que l'art?*, Tolstoï, non pour la première fois, il est vrai, mais avec toute la passion d'un homme entrant pour la première fois dans la lutte, prend à partie la société contemporaine. Le livre est intitulé *Qu'est-ce que l'art?* mais il n'est pas besoin d'une perspicacité particulière pour comprendre que ce n'est pas de l'art qu'il s'agit et que ce n'est pas l'art qui préoccupe ici l'auteur. Tolstoï a dit qu'il avait conçu cet ouvrage quinze années auparavant, mais qu'il n'avait pu le terminer parce que ses idées, sur ce point, n'étaient pas encore tout à fait claires à ses propres yeux. Ce n'est pas tout à fait exact au fond. Quinze années auparavant, un article de Tolstoï avait paru

---

* Les titres des chapitres entre crochets sont proposés par l'éditeur.

dans la presse sous le titre de *Réflexions à propos du recensement de Moscou* : on y trouve déjà complètement exprimées les idées fondamentales de *Qu'est-ce que l'art ?* L'orage qui bouleversa l'âme de Tolstoï et qui l'arracha à « l'intelligentsia »[1] russe, qui l'emporta vers des rives nouvelles où il apprit à parler un langage bizarre et étranger pour nous, cet orage est un fait dont la date est depuis longtemps passée. *Qu'est-ce que l'art ?* n'est que le dernier mot d'une longue prédication commencée bien auparavant. Je dis « prédication », car toutes les œuvres des dernières années de Tolstoï, même ses œuvres littéraires, n'avaient qu'un but : rendre la conception du monde qu'il s'était forgée obligatoire pour tous. Une telle tendance s'est déjà nettement manifestée dans *Anna Karénine*. Ce verset : « Je me suis réservé la vengeance, c'est moi qui rétribuerai »[2] lui sert d'épigraphe. Nous avons l'habitude d'expliquer ces mots en ce sens que le jugement définitif sur les hommes ne peut et ne doit pas être prononcé par l'homme, que le succès ou l'insuccès de notre vie terrestre ne prouve ni notre bon droit, ni notre culpabilité. Mais dans *Anna Karénine* se manifeste une tout autre conception du texte biblique. Déjà dans ce roman, Tolstoï ne se borne pas à décrire la vie humaine, il la juge. Et il ne la juge pas comme fait un juge tranquille et impartial qui ne connaît ni pitié ni colère, mais comme un homme profondément et passionnément intéressé à l'issue du procès. Chaque ligne de cette œuvre merveilleuse est dirigée contre un ennemi invisible, mais bien déterminé, et doit défendre

---

1. On désigne ainsi en Russie le milieu intellectuel (N. d. t.).
2. Deutéronome, XXXII, 35. Hébreux, X, 30. Rom., XII, 19.

un allié également invisible mais aussi bien déterminé.
Et plus l'ennemi est fort, plus tranchante et plus raffinée
l'arme avec laquelle Tolstoï frappe ; plus habile, plus
complexe, plus imperceptible est le travail de mine que
l'auteur dirige contre lui. Stépane Arcadiévitch Oblonski
est facilement vaincu par quelques remarques ironiques
et par les difficultés comiques dans lesquelles il se trouve
si souvent placé. L'affaire avec Karénine devient plus
sérieuse, mais, relativement, celui-là ne donne encore
pas trop de peine. Il n'en va plus de même avec Vronski
et Kosnichev. Ce sont des hommes plus remarquables.
Ceux-ci, s'ils n'arrivent pas d'eux-mêmes à créer
quelque chose de nouveau, savent du moins développer
une force suffisante pour défendre les idées et les
hommes qu'ils regardent comme leurs. Ils soutiennent
un certain régime : ils sont les piliers qui garantissent la
solidité du bâtiment tout entier. C'est sur eux que s'abat
Tolstoï avec toute la force de son génie. Non seulement
leur activité, mais toute leur vie, n'aboutit à rien. Ils
luttent, se démènent, se passionnent – mais il se trouve
que cette agitation ressemble à la course d'un écureuil
dans une roue. Ils servent une idole absurde qui n'est
que vanité. Écoutez comment Tolstoï caractérise les
convictions morales de Vronski :

> La vie de Vronski était particulièrement heureuse,
> parce qu'il avait un code de règles qui définissaient une
> fois pour toutes ce qu'il fallait faire et ce qu'il ne fallait
> pas faire… Ces règles démontraient avec évidence
> qu'il faut payer ses dettes de jeu à un tricheur, mais
> qu'on n'a pas besoin de payer un tailleur ; qu'il ne faut
> pas mentir à un homme, mais qu'il est permis de mentir
> à une femme ; qu'il ne faut tromper personne, mais

qu'on peut tromper un mari ; qu'on ne peut pardonner une offense, mais qu'il est permis d'offenser.

Vous voyez que, selon l'auteur, les sources des impulsions morales de Vronski ne sont rien d'autre que les vains préjugés de la société. Il en va de même, ou peu s'en faut, en ce qui concerne Kosnichev. En tout ce pour quoi il se passionne, il ne fait que suivre la mode. Son travail spirituel n'est qu'une activité superficielle de son intelligence, d'autant plus dépourvue de sens qu'elle se manifeste avec plus d'ampleur et de suite. Le bilan de sa vie est tout à fait modeste : un livre dont personne n'a besoin, de spirituelles conversations dans les salons, une participation inutile à l'activité de différentes institutions privées ou publiques. Vronski et Kosnichev, voilà tout ce que put trouver Tolstoï parmi les représentants de la société russe intellectuelle de son époque, appelée par lui en jugement. À Vronski, à Kosnichev, s'ajoutent quelques personnages esquissés à l'occasion, mais il ne s'agit que d'êtres insignifiants, incapables de donner au lecteur un mot décisif.

Reste le dernier, le principal prévenu à propos de qui, sans aucun doute, le verset de la Bible est cité : Anna. C'est elle que la vengeance attend, c'est elle que Tolstoï rétribuera. Elle a péché : elle doit accepter la punition. Dans toute la littérature russe, peut-être même dans la littérature universelle, on ne trouverait pas un autre romancier qui ait montré une telle absence de pitié et un tel sang-froid pour mener son héros vers l'affreuse mort qui l'attend. Et c'est trop peu de dire impitoyable et de sang-froid : c'est joyeusement, c'est avec un sentiment de triomphe, que Tolstoï a sacrifié Anna. Sa fin honteuse et douloureuse est pour lui un signe, et ce signe le remplit d'espoir. C'est après avoir mené Anna à la mort qu'il rend à Lévine la foi en Dieu et qu'il met fin à son roman. Si Anna avait pu survivre à sa honte, si elle avait gardé conscience de ses droits, si elle était morte non pas brisée, anéantie, mais en gardant son innocence et sa fierté, le point d'appui, qui permettait à Tolstoï de conserver l'équilibre, lui aurait été retiré. Il se trouvait devant une alternative : Anna ou lui-même, la perte d'Anna ou son propre salut. Il a sacrifié Anna – Anna qui, du vivant de son mari, avait suivi Vronski. Tolstoï sent parfaitement quel mari pour Anna est Karénine ; il a défini mieux que personne la situation affreuse de cette femme bien douée, intelligente, délicate, pleine de vie et que les liens du mariage attachaient à un automate. Mais Tolstoï est forcé de regarder ces liens comme obligatoires, voyant dans l'existence même de « l'obligatoire » la preuve de l'harmonie suprême. Pour la défense de cet « obligatoire », il se dresse avec toute la puissance de son génie d'écrivain. Anna, ayant enfreint la règle, doit périr de mort douloureuse.

Les personnages d'*Anna Karénine* sont divisés en deux groupes. Les uns suivent la règle et se dirigent avec Lévine vers le bien et le salut ; les autres suivent leurs propres inclinations, enfreignent les règles : ceux-là, dans la mesure où leurs actions sont plus ou moins hardies, délibérées, succombent, plus ou moins cruellement punis. À qui beaucoup a été donné, à celui-là, il sera beaucoup demandé. Anna est celle qui avait le plus reçu : une honte extrême l'attend. Les autres – au moins provisoirement – sont moins durement frappés.

Si, dans *Anna Karénine*, Tolstoï avait mené chacun des personnages jusqu'au terme de leur vie, il est probable que chacun d'eux aurait été rétribué en proportion de ses infractions – plus ou moins graves – à la « règle ».

Toutefois, dans *Anna Karénine*, la quantité des règles que Tolstoï estime obligatoires n'est pas encore très grande. À l'époque où il a conçu ce roman, le pouvoir que l'auteur donnait au « bien » sur l'homme était relatif. Bien plus, il se refuse encore à penser que le service du bien doive être le but exclusif et conscient de notre vie. Dans *Anna Karénine* comme dans *Guerre et Paix*, Tolstoï ne se borne pas à nier qu'il soit possible d'échanger la vie contre le bien, il va jusqu'à penser qu'un tel échange serait contre nature, qu'il serait faux et affecté et qu'en fin de compte, il devrait amener qui que ce soit, fût-ce le meilleur des homes, à protester. Il avait prononcé dans *Guerre et Paix* un arrêt rigoureux contre Sonia, contre cette jeune fille vertueuse et affectueuse, qu'un attachement profond lie à la famille des Rostov. Dans l'épilogue où il est question des jeunes ménages de Nicolas Rostov et de Pierre Besoukhov, la vie de Pierre et de Natacha, de Nicolas et de Marie, que nous avons vus grandir sous nos yeux, paraît riche et pleine de sens. Chacun d'eux a trouvé la place et la tâche qui lui convient. Ils continuent paisiblement l'œuvre de leurs pères. La façon dont ils vivent est nécessaire ; on comprend parfaitement qu'ils vivent ainsi. Auprès de ce groupe, Sonia, seule, semble étrangère, telle qu'une créature de hasard dont la présence est gênante pour tous les autres. Elle se tient assise, morne, derrière le samovar, gouvernante ou parasite, on ne sait trop. À son dos, Natacha, son amie d'enfance, et la princesse Marie (qui, si souvent attendrie autrefois sur les idées de vertu, avait ensuite pris Nicolas à Sonia) discutent au sujet de sa vie et citent un texte de l'Évangile, en vertu duquel sa position pitoyable apparaît parfaitement méritée.

Voici leur conversation :

> — Tu sais, dit Natacha, tu as beaucoup lu l'Évangile ; et, dans l'Évangile, il y a un passage tel qu'on dirait qu'il concerne Sonia.
>
> — Lequel ? demanda la princesse Marie étonnée.
>
> — On donnera à celui qui a déjà, mais, pour celui qui n'a pas, on lui ôtera même ce qu'il a, t'en souviens-tu ? Est-ce elle, celle qui n'a pas ? Pourquoi ? Je ne sais pas. Peut-être est-ce l'égoïsme qui lui manque – je n'en sais rien. Mais on lui enlèvera, et tout lui a été enlevé. Quelquefois elle me fait grand'pitié ; j'avais tellement envie autrefois qu'elle se mariât avec Nicolas ; mais j'ai toujours eu une sorte de pressentiment que cela n'arriverait pas. C'est une *fleur stérile*[1] comme il y en a sur les fraisiers.

Je ne crois pas qu'il faille dire qu'« une fleur stérile » et le commentaire « elle n'a pas d'égoïsme » et : c'est pourquoi « tout lui a été enlevé » ne représentent que l'opinion de Natacha (et celle aussi de la princesse Marie, qui, tout en comprenant autrement le passage de l'Évangile, était pourtant d'accord avec Natacha « en regardant Sonia ») ; il apparaît avec une évidence que cette opinion de deux femmes qui sont heureuses, mais n'ont pas réussi à soutenir les épreuves de la vertu, est aussi celle de l'auteur de *Guerre et Paix*. Sonia est une « fleur

---

1. Caractères italiques de Tolstoï.

stérile », il l'accuse d'absence d'égoïsme, bien qu'elle
soit tout dévouement, tout abnégation. Ces qualités ne
sont pas, aux yeux de Tolstoï, de véritables qualités – ce
n'est pas la peine de vivre pour elles. Celui qui ne possède que des qualités de cet ordre n'est pas réellement un
homme – de l'homme, il n'a que les apparences. Natacha, qui a épousé Pierre quelques mois après la mort du
prince André, la princesse Marie, dont « la richesse avait
influencé le choix de Nicolas » – toutes deux, puisqu'au
moment décisif, elles ont su arracher le bonheur à la vie
– ont raison. Sonia a tort, c'est « une fleur stérile ». On
doit vivre comme Natacha et la princesse Marie. Il est
permis, et même il faut s'efforcer « d'être bon », de lire
des livres de piété, de s'attendrir sur les récits des pèle-
rins et des mendiants. Mais, en toutes ces choses, on ne
saurait trouver que la poésie de l'existence, non la vie.
Un instinct sain doit suggérer la vraie voie à l'homme.
Celui qui, s'étant laissé tenter par la doctrine du devoir
et de la vertu, laissera passer la vie et ne défendra pas à
temps ses droits, celui-là est une « fleur stérile ». Telle
est la conclusion que Tolstoï tire de son expérience, au
moment où il écrit *Guerre et Paix*. Dans cette œuvre,
où l'auteur fait le bilan de ses quarante années de vie, la
vertu *an sich*, le service exclusif du devoir, la soumission au destin, l'incapacité de se défendre, sont regardés
comme des crimes. Il prononce un jugement sur Sonia,
comme, plus tard, sur Anna Karénine ; il accuse celle-ci
de n'avoir pas violé la règle, celle-là de l'avoir violée.

Jusque dans *Anna Karénine*, l'antipathie de Tolstoï
contre ceux qui se sont consacrés au service du bien se
manifeste avec toute sa vigueur. Combien Varienka nous

y apparaît pitoyable avec ses pauvres et ses malades, vivant sans murmurer près de Mme Stal! Avec quelle répugnance Kitty se rappelle ses tentatives de service du « bien » et sa rencontre avec Varienka à l'étranger. Elle préfère que son mari soit incrédule – elle qui estime que son incrédulité le perdra dans la vie future – plutôt que de le savoir tel qu'elle avait été elle-même à l'étranger. Enfin le héros principal du roman, l'*alter ego* de l'auteur (son nom de famille même dérive du nom de Tolstoï : Lev (Léon), Lévine) reconnaît ouvertement que le service conscient du bien est un mensonge inutile. Voici ce que l'auteur nous en dit : « Autrefois (ceci avait commencé presque dès son enfance et s'était développé de plus en plus jusqu'à l'âge d'homme), quand il (Lévine) s'efforçait de faire quelque chose pour le bien de tous, de l'humanité, de la Russie, du village entier, il remarquait que la pensée lui en était agréable, mais que l'action même était toujours mal embarquée et n'aboutissait pas ; tandis que, depuis son mariage, depuis qu'il *s'était consacré de plus en plus à sa vie personnelle*, bien qu'il n'éprouvât plus de joie à la pensée de son travail, il était sûr que ce travail était indispensable ; il voyait que ses affaires allaient beaucoup mieux qu'auparavant, qu'elles prenaient de plus en plus d'importance. Et maintenant, presque contre son gré, il s'enfonçait de plus en plus dans la terre, comme une charrue, de façon à ne pouvoir en sortir sans "ouvrir le sillon". ». C'est parce qu'il a rompu avec le passé, parce qu'il a renoncé à la pensée de suivre le bien, toute la Russie, le village entier, etc., qu'il sait toujours dans toutes les circonstances de la vie, ce qu'il doit faire, comment il doit agir, ce qui est important et ce qui ne l'est pas. Sa famille doit vivre comme ont vécu ses aïeux et ses pères ; il faut diriger le mieux possible son domaine et, pour cela, on doit se procurer des ouvriers en les payant le moins possible. Il lui faut s'occuper des affaires de son frère, de sa sœur, de tous les paysans qui viennent le consulter, mais il est impossible de pardonner à un ouvrier qui rentre chez lui pendant les heures de travail parce que son père vient de mourir, encore que cet ouvrier fasse pitié. Lévine était torturé par l'idée qu'il ne savait ni pourquoi ni comment il devait vivre ; toutefois, il « se faisait avec fermeté, dans la vie, un chemin déterminé, bien à lui, et, à la fin, il arriva à la conviction que, malgré qu'il ne cherchât pas le bien, mais son bonheur, sa vie, malgré cela, ou plutôt justement pour cela, non seulement n'était pas dépourvue de sens, comme elle l'était auparavant, *mais qu'elle avait le sens incontestable du bien* ».

CHAPITRE II
[LE SENS DU BIEN CHEZ TOLSTOÏ]

D'où est venu ce « sens du bien » ? Pourquoi le bien est-il venu bénir Lévine et non pas les autres personnages du roman ? Pourquoi Anna périt-elle et justement, pourquoi Vronski arrive-t-il à l'état de ruine, pourquoi Konischev traîne-t-il une existence illusoire, pendant que Lévine jouit de tous les biens de la vie, acquiert le droit à une profonde paix spirituelle, privilège accordé à bien peu d'hommes, à des hommes exceptionnels ? Pourquoi le sort a-t-il si injustement récompensé Lévine, si cruellement lésé Anna ? Pour un autre écrivain, un naturaliste par exemple, de telles questions ne se posent pas : l'injustice du sort est le principe fondamental de la vie humaine. Selon toute évidence, ce principe dérive des lois de l'évolution naturelle, si bien qu'il n'y a même pas l'occasion de s'en étonner. Mais un tel écrivain ne cite pas la Bible et ne parle pas de rétribution.

Chez Tolstoï, au contraire, le roman même est né de cette question. Il ne décrit pas la vie, il l'interroge, il en exige des réponses. Ses créations littéraires n'ont d'autre origine que le besoin de résoudre les problèmes qui le tourmentent.

C'est pourquoi toutes ses œuvres, les plus importantes et les plus courtes, aussi bien *Guerre et Paix* que *La mort d'Ivan Illitch* et que ses articles de publiciste, sont parfaitement achevées. Tolstoï se présente toujours au public avec des réponses, et ces réponses sont données dans une forme si précise qu'elle satisfait l'homme le plus exigeant et le plus sévère. Évidemment ceci n'est pas un hasard. C'est ici le point fondamental de l'œuvre de Tolstoï. Tout l'immense travail intérieur qui était nécessaire à la création d'*Anna Karénine* et de *Guerre et Paix* avait été provoqué par le besoin, porté à l'extrême, de se comprendre soi-même et, avec soi, la vie ambiante ; de se débarrasser des doutes qui le tourmentaient et de trouver, au moins pour quelque temps, un sol stable. Ces besoins sont trop graves et trop persistants pour qu'on puisse s'en débarrasser par une simple peinture d'images de la réalité immédiate ou par le récit de ses souvenirs d'autrefois. Il faut autre chose, il faut trouver son *droit* de vivre. Il faut trouver une *force* plus grande qu'une force humaine, qui puisse soutenir et défendre ce droit. Les goûts, les sympathies, les enthousiasmes, les passions personnelles, tous ces éléments, qui, pour des écrivains réalistes, composent d'habitude la vie humaine, ne garantissent rien et ne peuvent tranquilliser Tolstoï. Il cherche un allié fort et tout-puissant, afin de parler en son nom de ses droits. Toute la force du génie de Tolstoï est employée à trouver cet allié, à l'attirer de son côté. Et là, Tolstoï est sans merci. Il n'y a rien qu'il ne consente à détruire, s'il en est embarrassé, afin d'arriver à son but.

Et il n'y a pas de limites à la tension de son âme quand il s'agit de cet intérêt sacré.

Mentir, feindre, inventer des faits, Tolstoï ne le veut ni ne le peut. Car il écrit non pour les autres mais pour lui. Aussi bien n'ajoute-t-il à son Lévine aucune qualité : il va même jusqu'à décrire tous ses défauts et ses ridicules. « Lévine est ainsi fait », nous dit Tolstoï, « c'est un jaloux, un égoïste qui fuit l'activité sociale, c'est un loup maladroit et inculte, et pourtant le bien est avec lui, le bien donne à sa vie un sens précis ». Il n'a pas seulement su ordonner sa vie conformément à ses besoins et à ses désirs, il a encore exactement deviné où il fallait se diriger, comment il devait agir pour que le bien soit de son côté. Et c'est précisément le « bien », c'est cette force puissante qui fait de Lévine un géant en comparaison des autres hommes, rien n'étant plus fort que le bien.

Ainsi, lorsque paru *Anna Karénine*, on aurait pu convaincre Tolstoï de n'importe quoi, plutôt que de lui faire admettre que le bien n'était pas avec Lévine. Et ce n'est pas assez de dire avec Lévine : le bien est *contre* tous ceux qui pensent, sentent et vivent autrement que lui ; il est contre Kosnichev, contre Vronski, contre Anna ; il se vengera un jour sur eux et les punira, même si, pour un temps, ils avaient lieu de fêter leur victoire sur Lévine. Lévine s'est enfoncé dans la terre comme une charrue. Cette force dont avait besoin Tolstoï est trouvée, et c'est son parti qu'elle sert. Toutes les Varienka, les Sonia, tous les êtres vertueux ne servent pas le vrai bien : ils ne vivent pas à la Lévine ; Tolstoï les met au rang de Vronski et d'Anna. La vie ne leur réserve, il est vrai, ni tragédie, ni catastrophe, mais leur existence insipide est pire que n'importe quel malheur. Tolstoï n'a pitié d'aucune de ses victimes. On n'entendra nulle part chez lui ces notes douces de compassion qui sont si fréquentes dans les œuvres de Dickens, de Tourguéniev, et même chez les réalistes comme Zola et Bourget, qui ne laissent jamais passer l'occasion de souligner leurs sentiments humains.

Ceci pourra sembler étrange à Tolstoï, mais beaucoup de lecteurs lui reprochent sa froideur, son insensibilité, sa dureté. Amener Anna à se jeter sous un train sans pousser un soupir ! Suivre l'agonie d'Ivan Illitch sans verser une larme ! À de nombreux lecteurs, cette attitude paraît à tel point incompréhensible et révoltante qu'ils sont même prêts à nier le génie de Tolstoï. Parler de Tolstoï comme un génie leur semble un outrage à la morale, dont la première exigence veut que l'on ait de la compassion pour son prochain. Ils considèrent comme leur devoir le plus essentiel de ravaler Tolstoï au rang des écrivains de second ordre, qu'on ne peut comparer sérieusement à Dickens, à Tourguéniev ; ils pensent défendre par ce moyen les droits sacrés de la compassion. À les entendre, il est impossible de donner le nom de grand écrivain à qui ne montre pas une suffisante compassion des souffrances de son prochain. Et, de leur point de vue, ces lecteurs n'ont que trop raison. Ils veulent être compatissants : la compassion, voilà, en effet, tout ce qu'ils peuvent donner à ceux que la fortune a délaissés. C'est en donnant leur pitié aux malheureux, en versant des larmes sur ceux qui succombent, qu'ils apaisent les remords qui les troublent incessamment. « Il n'est pas possible de remettre sur pied celui qui est tombé : pleurons-le du moins, cela apportera du soulagement », ainsi raisonnent-ils. Mais qui sera soulagé ? Ils ne répondent pas à cette question, ils ne se la posent pas, ils n'osent pas se la poser. Évidemment, Tolstoï, du fait qu'il n'a pas de sentiments humains, les effraye ; ils s'adressent donc en toute hâte au *Roi Lear de la Steppe*[1], aux contes de Dickens, même au *Lourdes* de Zola : là, du moins, l'épouvante provoquée par l'image du malheur finit par laisser la place aux magnanimes sentiments de pitié que ces écrivains suggèrent à leurs lecteurs. Même Zola, ce Zola que Tolstoï aime si peu, nous attendrit dans toutes ses œuvres par sa capacité de compassion pour tous ses héros.

Chez Tolstoï, il n'y a pas de trace d'une telle sensibilité de cœur. Le public russe avait appris avec effroi la naissance en Europe de tendances nouvelles – du nietzschéisme – dont le créateur prêchait une rigueur impitoyable à l'égard des faibles et des malheurs. « Ce qui est chancelant, cela doit encore être poussé. » ; « Lorsqu'un malade est condamné, il ne faut pas vouloir en être le médecin… ». Nous pensions que personne avant Nietzsche, n'avait rien enseigné de semblable comme précepte de la morale. Nous étions même persuadés que la morale, foulée aux pieds dans l'Occident, devait trouver un refuge sûr parmi nous, en Russie. Nous pensions pouvoir opposer à Nietzsche notre géant Tolstoï, « le grand écrivain de la terre russe ». Même ceux des lecteurs dont nous venons de parler, ceux qui, d'instincts, s'écartaient de Tolstoï pour rejoindre Tourguéniev, ceux-là même ont vu dans l'auteur de

---

1. Tourguéniev.

Guerre et Paix leur protecteur naturel et puissant contre l'orage qui menaçait à l'Occident. Tolstoï, en effet, a engagé le combat contre Nietzsche et ses tendances, avec la fraîcheur, la conviction, l'emportement d'un adolescent. Dans *Qu'est-ce que l'art ?* il ne s'agit pas, au fond, comme nous en avons déjà prévenu, ni de l'art, ni des poètes français, ni des opéras de Wagner, bien qu'il en soit parlé abondamment. Des problèmes plus graves et plus importants que celui de l'art y sont posés : c'est de la morale, de la religion, qu'il y est question ; et Tolstoï s'attaque à un écrivain plus significatif et plus profond que ne sont Baudelaire ou Verlaine : Nietzsche. Il est vrai que Tolstoï prononce rarement le nom de Nietzsche, dont les œuvres ne sont pas citées. Mais il rend Nietzsche responsable des tendances nouvelles de la littérature. « Ce résultat d'une fausse conception de l'art, nous dit-il, s'est manifesté depuis longtemps dans notre société ; mais, dans ces derniers temps, avec son prophète Nietzsche et ses disciples, avec les décadents et les esthètes anglais, ces tendances se font jour avec une impudence particulière. Les décadents et les esthètes du genre d'Oscar Wilde font de la négation de la morale et de la louange de la débauche le sujet de leurs œuvres ».

Je regrette que, le faisant ainsi responsable de tous les crimes de la jeune génération, Tolstoï n'ait pas touché mot de la doctrine philosophique de Nietzsche. J'ai d'ailleurs l'impression que Tolstoï ne connaît Nietzsche que par ouï-dire, de seconde main. C'est ce que rend évident, entre autres, le rapprochement qui est fait entre Nietzsche et Oscar Wilde. Si Tolstoï avait connu Nietzsche, il n'aurait pas émis de telles opinions.

Si Tolstoï avait lu Nietzsche, selon toute vraisemblance, il n'aurait pas parlé d'« impudence ». On peut accepter ou non la doctrine de Nietzsche, on peut approuver sa morale ou mettre en garde contre elle, mais si l'on connaît quelle fut sa vie, si l'on sait par quels chemins il est arrivé à sa doctrine, à quel prix il dut acheter son « mot nouveau », l'indignation n'est plus possible à l'égard de ses opinions. Nietzsche, écrivant ce qu'il a écrit, en avait le droit sacré. Je sais qu'on ne doit pas employer en vain le mot « sacré ». Je sais qu'il en est volontiers fait abus pour donner aux idées plus de poids et de conviction. Mais, en ce qui concerne Nietzsche, je ne puis trouver d'autre mot ; cet écrivain porte une couronne de martyre : tout ce qui agrémente généralement la vie humaine lui avait été enlevé ; rarement un homme reçut en partage un fardeau aussi lourd que celui qu'il fut astreint à porter.

On trouve dans *Zarathoustra* le récit des trois métamorphoses que l'homme doit subir au cours de sa vie. Tout d'abord, dit-il, l'homme se change en chameau.

> Qu'est-ce qui est lourd ? demande l'esprit endurant, et il s'agenouille comme le chameau et veut bien être chargé. Qu'est-ce qui est le plus lourd, vous autres héros ? demande l'esprit endurant, afin que je le charge sur moi et que je me réjouisse de ma force. Ne serait-ce pas cela : qu'il faut s'abaisser afin de blesser son orgueil ? qu'il faut laisser flamber sa folie afin d'insulter sa sagesse ? Ou bien se séparer de notre cause lorsqu'elle fête sa victoire ? Monter sur de hautes montagnes afin de tenter le tentateur ? Ou bien se nourrir des glands et de l'herbe de la connaissance et, pour la vérité, souffrir la faim dans son âme ? Ou bien être malade et renvoyer les consolateurs, se lier

d'amitié avec des sourds qui n'entendent jamais ce que tu demandes ? Ou bien entrer dans l'eau sale, si c'est là l'eau de la vérité, et, voyant venir de froides grenouilles et de tièdes crapauds, ne pas les écarter de soi ? Ou bien aimer qui vous méprise et tendre la main au fantôme quand il veut vous emplir d'effroi ? Ce qui est le plus lourd, tout cela l'esprit endurant le prend sur lui : comme le chameau qui se hâte dans le désert, dans son propre désert il se hâte aussi[1].

C'est là, dans ces images, le court récit de la longue et douloureuse vie d'un ascète. Et qu'un lecteur n'imagine pas qu'il y ait ici l'ombre d'une exagération. Bien au contraire, le principal – le plus terrible peut-être – ne s'y trouve pas. En lisant ces lignes, on pourrait penser que Nietzsche, l'esprit endurant, alla de plein gré vers les tortures, qu'il plia de plein gré les genoux et prit sur lui consciemment un fardeau qui dépassait les forces humaines. À pratiquer un tel ascétisme, consciemment et de plein gré, si dur qu'il soit par lui-même, on garde du moins la consolation de la fierté : l'homme comprend qu'il est occupé à une grande œuvre. Mais, en ce qui concerne Nietzsche, il n'en est rien. Le malheur s'empara de lui soudain à l'improviste, peut-être au moment même où il attendait pour sa vie passée une récompense. Lorsque la foudre l'abattit, le ciel, au-dessus de lui, était transparent et serein ; il n'attendait de nulle part un malheur ; il était confiant et tranquille comme un enfant. Il servait le « bien », il menait la vie pure et honnête d'un professeur allemand, il cherchait des idéaux chez les philosophes grecs et chez les plus

1. *Ainsi parlait Zarathoustra*, « Des trois métamorphoses ».

modernes musiciens; il étudiait Schopenhauer, il était l'ami de Wagner; et pour tout ce qui lui apparut alors le plus important et le plus nécessaire, il renonça à la vie réelle. Il a dit plus tard : « Quel est celui qui n'a jamais sacrifié son moi pour son renom ? »[1]; et encore : « C'est pour nos vertus que nous sommes punis le plus durement »[2]. Mais au temps où il s'éloigna de la vie au nom de ces vertus et de son bon renom, afin de créer dans le silence de son cabinet de travail des théories nouvelles (c'est ainsi qu'il concevait alors le service du bien), il ne savait pas, il ne soupçonnait même pas que ce travail consciencieux recevrait un châtiment si épouvantable. S'il avait pu se douter, fût-ce un instant, de ce que lui réservait l'avenir, il aurait beaucoup hésité avant de choisir sa voie. Mais qui pourrait deviner son sort ? Et, dans sa jeunesse, qui ne suit avec confiance ses maîtres et ses idéals ? Nietzsche n'a pas eu d'autre tort que de croire, de la façon la plus complète, la plus confiante, la plus logique, à l'infaillibilité des principes. Il tua en lui tous les instincts, tous les désirs naturels, qui savent généralement prendre le dessus chez les âmes les plus vertueuses. Pour lui, il n'y eut pas de milieu possible. Il apprenait et enseignait tout ce qui lui paraissait important, nécessaire, sérieux : à cette affaire, il oublia tout de la vie. Encore, à l'apparition des premiers signes menaçants de sa maladie, Nietzsche ne s'inquiéta nullement. Il avalait à la hâte des drogues de toute sorte, afin de ne pas avoir à suivre un traitement compliqué qui l'aurait gêné dans sa tâche. Il a poursuivi sa besogne de

1. *Par delà le bien et le mal*, 92.
2. *Ibid.*, 132.

philosophe et de professeur jusqu'à ce que la maladie l'ait complètement terrassé. Alors, seulement, Nietzsche comprit enfin l'impuissance de la vertu à le défendre de tout. Mais déjà, il était trop tard. Il était impossible de revenir sur le passé. Il était impossible de retourner la pierre qui a nom : « cela fut ». Une seule chose restait à faire : méditer, rechercher dans le passé une justification, une explication de l'horrible présent. Pour concevoir ce que fut ce « présent », il suffit de savoir que, pour Nietzsche, il n'y avait plus d'autre soulagement que de rêver au suicide. « Aux trois quarts aveugle », harassé par d'éternelles et horribles attaques, condamné par une impitoyable maladie à une solitude absolue, toujours à un doigt de la mort et de la folie, c'est ainsi que Nietzsche vécut les quinze années au cours desquelles il écrivit ses principales œuvres. « Je n'accepte que difficilement la vie, écrit-il, j'espère que mes souffrances prendront bientôt fin ». Mais cette délivrance ne fut pas aussi rapide. Quinze ans, ce serait beaucoup trop, même s'il s'agissait d'une moins terrible maladie. Celui qui a tant souffert et n'est coupable que d'un seul « crime » : avoir eu trop de confiance dans les idéaux proposés par la vertu, celui-là a le droit de dire son mot, il a le droit d'exiger qu'on l'écoute avec attention et qu'on ne se borne pas à le connaître par ouï-dire.

Mais revenons à Tolstoï. J'ai déjà dit que le public, même celui qui mettait le talent de Tolstoï bien au-dessous de celui de Dickens ou de Tourguéniev, s'attendait de sa part à la plus sérieuse résistance au nietzschéisme. Il est vrai que Tolstoï leur paraissait froid ; on l'a appelé l'homme à l'âme de fer (ce qui est curieux : Tolstoï, celui qui nous apprend à nous attendrir sur des contes d'enfant, âme de fer !), mais on voyait en lui le défenseur naturel du « bien » et l'antagoniste de Nietzsche. On tenait, en effet, compte avant tout de ses œuvres de publiciste, où il s'était résolument prononcé pour l'interprétation littérale de l'Évangile. À la vérité, les admirateurs de Dickens et de Tourguéniev étaient loin d'être toujours d'accord avec les prédications de Tolstoï. Ils pensaient que Tolstoï exagérait lorsqu'il amendait aux intellectuels de labourer la terre et de s'habiller comme des moujiks. Mais lorsqu'il fallut choisir entre la morale habituelle, fût-elle poussée à l'extrême, et une doctrine qui ruinait cette morale absolument, tous prirent parti pour la première.

Aucun doute ne se présentait à l'esprit : Tolstoï et Nietzsche s'excluaient mutuellement. Et mieux : chacun de ces deux maîtres a regardé l'autre comme un antagoniste. Lorsque Nietzsche parle de la « compassion de Tolstoï », il en parle comme d'un sentiment qui lui est absolument étranger. Quant à Tolstoï, il n'en est pas question : comme on l'a déjà remarqué, sa dernière œuvre n'a qu'un objet : la destruction du nietzschéisme. Mais en est-il vraiment ainsi ? Ces deux merveilleux écrivains, appartenant à une même époque, sont-ils donc si étrangers l'un à l'autre ? Sans doute la possibilité même de cette question paraîtra-t-elle étrange ; et d'autant plus une réponse négative. C'est pourquoi, sans avoir rien tranché d'avance, nous nous occuperons de la première œuvre importante de Tolstoï publiciste. Elle nous introduit à son livre *Qu'est-ce que l'art ?* nous amenant en même temps aux questions primordiales qui ont intéressé Nietzsche.

CHAPITRE III
[LA SATISFACTION DE LA VERTU]

Les *Réflexions à l'occasion du recensement de Moscou* parurent en somme peu de temps après *Anna Karénine* : trois ou quatre années seulement les séparent. D'ailleurs ce temps est même inférieur, si l'on pense que Tolstoï avoue qu'il s'était mis à ce travail à plusieurs reprises, mais qu'il n'avait jamais pu le terminer. Il est clair que le recensement n'était pas la cause du changement qui se produisit dans les opinions de Tolstoï. Tout ce qui pouvait amener un bouleversement des idées de Tolstoï existait depuis longtemps en puissance. Comme il arrive communément dans la vie, le recensement n'était qu'un prétexte purement extérieur que Tolstoï cherchait probablement depuis longtemps. De son équilibre moral – ce qu'il appelait parlant de Lévine, « une vie à laquelle le bien a donné un sens » – depuis longtemps, il ne restait plus de cela qu'un souvenir. Peut-être *Anna Karénine* n'a-t-elle été rien d'autre qu'une tentative pour rétablir le passé ; et à l'époque où Tolstoï nous montrait avec tant de vigueur que le « bien » est avec Lévine et pour Lévine, que Lévine s'est enfoncé dans la terre comme une charrue, que ce qu'il fait est ce qu'on peut faire de meilleur et de plus conforme à la vérité, peut-être, à cette époque, Tolstoï lui-même ne vivait-il que de réminiscences du passé ; passé d'autant plus attirant qu'il voyait plus évidemment, plus douloureusement, le sol, qui lui paraissait autrefois si solide, se dérober sous ses pieds. Peut-être faut-il trouver là une explication de la joie mal déguisée qu'il ressent quand il peut couvrir Anna de honte et la conduire à sa perte. Il reconnaissait déjà qu'il perdait ses droits ; ses occupations agricoles, sa famille, ses interventions dans les affaires des paysans, son attitude frondeuse à l'égard du libéralisme et des journaux, le service « négatif » du bien ; en un mot, tout ce qui remplissait autrefois la vie de Lévine avait cessé de lui suffire : il voyait apparaître un certain vide, il sentait l'absence de cette fermeté qui lui donnait le droit de regarder toute personne de haut en bas, le droit de penser que Dieu était pour lui, que Dieu était contre ses ennemis.

Anna Karénine est probablement écrit *ex post facto*. C'est pourquoi nous trouvons dans ce roman une équité si prudente, une attention si exagérée pour tous les personnages du courant qui s'oppose à Lévine. L'auteur, à la fin du compte, n'en épargnera pas un, et c'est précisément pourquoi il nous les présente sous leur jour le plus avantageux. Ils sont bons, intelligents, honnêtes, beaux ; Tolstoï n'a pas hâte de nous montrer leurs faiblesses. Rarement, par de légers traits, par des remarques insignifiantes, il suggère au lecteur en quoi consiste l'inutilité de ces hommes. Mais le coup part d'une main sûre et forte. Aucun d'entre eux ne sera sauvé : le triomphe est réservé à Lévine.

Mais le triomphe ne sera pas de longue durée. *Anna Karénine* est la dernière tentative faite par Tolstoï pour se maintenir sur le sol où il s'était auparavant affermi. Tout ce qui l'avait intéressé alors avait cessé d'exister pour lui ; il était déjà bien loin des joies et des chagrins de Lévine. Lorsque, avant le recensement, Tolstoï arriva à Moscou, selon la vraisemblance, il était déjà bien différent de ce Tolstoï qui venait de publier dans le *Messager russe* un grand roman, où il donnait sur la vie des conceptions si claires et si définies. Sans doute il n'était déjà plus un jeune homme – il avait plus de 50 ans –, sans doute était-il un écrivain admiré de tous (et il étonnait surtout par la fermeté et par l'audace de ses idées) : toutefois, nous ne trouvons en réalité devant un homme rempli de doutes, sûr de cela seul que ce qui lui restait ne valait plus rien et qu'il fallait chercher autre chose.

Quelque étrange que cela puisse apparaître, les horreurs que Tolstoï découvrit lorsqu'il visita, à Moscou, les asiles pour les gens pauvres et sans foyer, ces horreurs étaient presque, pour lui, une heureuse trouvaille.

> La vie urbaine, [nous raconte-t-il,] qui m'a toujours paru étrange, incompréhensible, me donne un tel dégoût que tous les plaisirs d'une vie luxueuse se sont transformés pour moi en torture. Malgré tous les efforts que j'ai faits pour trouver n'importe quelle justification de notre vie, je ne pouvais voir sans irritation, ni mon salon, ni celui des autres, ni une table élégamment servie, ni les équipages, ni les cochers et les chevaux bien nourris, ni les magasins, les théâtres, les réunions. Je ne pouvais m'empêcher de voir en regard les

habitants de l'asile de Liapine affamés, grelottants, humiliés.

Une telle mise en regard du luxe et de la tranquillité de sa propre vie avec la misère, l'affreuse misère de Liapine, peut, en effet, et doit provoquer chez celui qui n'a jamais ouvert les yeux sur les malheurs de son prochain une violente réaction. Mais, en cet ordre de choses, Tolstoï n'était nullement un novice. L'auteur de *Guerre et Paix*, le peintre si parfait de toutes les horreurs de 1812, avait regardé en face des milliers de morts, d'assassinats, les plus terribles et les plus répugnantes manifestations de la cruauté et de la bassesse humaine ; or il était demeuré ferme au sortir des épreuves de la vie : ce n'est pas un tel homme qui pouvait se troubler à l'aspect de la misère ; il n'avait rien de commun avec ce jeune prince hindou qui, la première fois qu'il s'évada de son palais, trouva sur son chemin un malade, un vieillard et un mendiant.

Je ne veux pas dire par là qu'un homme, parvenu à l'âge mûr, apprend ou doit apprendre à regarder avec indifférence le mal qui règne sur terre. Bien au contraire, il est possible à l'homme mûr de prendre plus à cœur qu'un jeune homme les malheurs de ses prochains. Mais c'est là ce qui rend pour nous d'autant plus mystérieux les sentiments de Tolstoï à propos de ce qu'il avait vu dans la maison de Liapine. Tout d'abord, dit-il, il avait été tellement frappé par l'installation et les conditions de vie des habitants de l'asile qu'il n'en pouvait parler sans larmes et sans colère : « Sans m'en apercevoir moi-même, je criais avec des larmes dans la voix et je gesticulais en parlant à mes amis. Je criais : "Dans ces conditions, il est impossible de vivre ; il est impossible de vivre ainsi, impossible" ». Mais tous ses amis, nous dit Tolstoï, se mirent à lui prouver qu'il s'était ainsi ému non parce que les choses qu'il avait vues étaient si terribles, mais parce qu'il était « un homme très doux et très bon ». Et ces conversations emportèrent sa conviction. « Je le crus volontiers, dit-il. Et, sans avoir le temps de m'en apercevoir, au lieu d'un sentiment de *reproche* et de *repentir* que j'avais éprouvé tout d'abord, je ressentais déjà une certaine satisfaction de ma propre vertu et le désir d'exposer mes idées aux autres ». Plus tard, Tolstoï comprit que ses amis le trompaient par des sophismes ingénieux et faux, et qu'il n'était nullement un homme vertueux et bon : qu'il était même un homme très mauvais. Et c'est ce qui le conduisit à prêcher qu'on devait renier la vie civilisée.

Ici se pose une question intéressante : Que serait-il advenu si, considérant sa vie, Tolstoï s'était convaincu que ses amis avaient raison, qu'il était, en effet, bon et vertueux, nullement mauvais et coupable ? Le sort de ceux qui sont hébergés dans les asiles n'en aurait pas été adouci. Des gens à moitié gelés se presseraient, comme auparavant, dans les rues à peine recouverts de loques ; comme auparavant, les agents emmèneraient *les mendiants du Christ* au poste ; comme auparavant, les rondes de nuit ramasseraient une quantité de prostituées misérables et repoussantes. Aucun changement ne serait survenu sauf, en un point : la conscience de Tolstoï serait restée paisible. Et, de cette façon, il aurait pu se sentir content de sa vertu et la montrer aux autres, ainsi qu'il lui était arrivé durant un certain temps, lorsqu'il avait cru ses amis ?

L'importance de cette question est plus grande
qu'on pourrait le pense à première vue. Elle nous donne
l'explication des préoccupations de Tolstoï, de ce qu'il
allait chercher dans les bas-fonds de Moscou. Il est
évident qu'il ne s'agissait pas des mendiants de la maison
de Liapine, mais de lui-même, Tolstoï. En s'approchant
de ces malheureux, il ne cherchait pas à leur donner,
mais bien à leur prendre : les questions qu'il pose, il
ne les pose pas pour eux, mais bien pour lui-même. Il
pourrait les quitter, fermer les yeux, les oublier, comme
il l'avait fait auparavant lorsqu'il s'était trouvé en face
du malheur, mais cette fois il avait besoin des pauvres ;
non pas de tous, de quelques-uns seulement, et même pas
des pauvres de Liapine : d'autres lui étaient nécessaires.
Et quant à ceux dont il n'a pas besoin, il s'en écartera,
il s'en détournera, comme il s'était détourné de Sonia,
de Varia, d'Anna, avec lesquelles ses attaches n'étaient
ni immédiates ni personnelles ; il ira donc vers ceux qui
permettent de vivre, ceux qui ne détruisent pas l'énergie
vitale, mais l'augmentent, qui aident à s'enfoncer dans le
sol comme une charrue et donnent la possibilité de sentir
avec joie que le « bien » est à nouveau de notre côté. En
un mot, ces pauvres qui peuvent donner ce qu'avaient
donné à Lévine les occupations agricoles, la capture des
essaims, sa famille, etc. Quant aux autres, à ces mendiants
de la ville, à propos desquels, selon l'apparence, tout ce
bruit a été fait, Tolstoï les abandonnera. « Avec un malade
condamné, il ne faut pas vouloir être le médecin ». Ces
mots, on s'en souvient, appartiennent à Nietzsche. Je les
ai déjà cités en même temps qu'une autre de ses pensées,
presque identique : « Ce qui est chancelant, cela doit

encore être poussé ». Le lecteur ne se décidera peut-être pas à attribuer le deuxième précepte à Tolstoï. Mais le premier ? Il faisait également horreur. Il résume toutefois l'attitude de Tolstoï à l'égard des pauvres des maisons de Liapine et de Rojnof.

Immédiatement après le recensement, Tolstoï, qui avait pris note des plus nécessiteux, résolut de s'adonner à la bienfaisance. Ceux d'entre ses amis qui lui avaient promis leur aide ne lui donnèrent point d'argent. Il visita pourtant ses pauvres quelque temps, aidant certains d'entre eux. Dans une de ses tournées, il rencontra une femme qui n'avait pas mangé depuis deux jours. Comme il demandait qui elle était, voici ce qu'on lui répondit : « C'était une prostituée ; maintenant on n'en veut plus, alors elle ne sait plus comment trouver son pain ». Je ne rapporterai pas les détails de cette scène affreuse. La femme n'avait, en effet, rien mangé depuis deux jours. Mais voici la conclusion de l'histoire rapportée par Tolstoï : « Je lui donnai un rouble et je me souviens que *je fus très content que d'autres l'aient vu* ». Se peut-il que ce soit vrai ? Se peut-il que Tolstoï ait véritablement été « très content que d'autres l'aient vu » ? Se refuser à le croire est impossible : plus loin, comme pour écarter la possibilité du moindre doute, il s'exprime ainsi : « *Il m'était si agréable de donner* que, sans me rendre compte si cela était nécessaire ou non, je donnai aussi à la vieille femme ».

Je ne veux nullement prendre Tolstoï en faute, ni l'accuser. L'auteur de *Guerre et Paix*, l'auteur des *Réflexions à propos du recensement* est au-dessus de toute accusation.

Mais il est d'autant plus important pur nous de comprendre le sens et la portée de sa prédiction. Ces aveux sont pour nous des points de repère qui nous conduiront, à la suite de Tolstoï, vers la source où il puisait son inspiration prophétique. Ainsi, il lui était agréable, « tellement agréable », de faire l'aumône, alors même qu'un terrible drame se déroulait à ses yeux. (Qui ne sent toute son étendue dans ces quelques mots : « C'était une prostituée ; maintenant on n'en veut plus, alors elle ne sait plus comment trouver son pain »). Ainsi des amis avaient réussi par des réflexions sur la sentimentalité de son âme à détourner son attention, pour quelque temps, du spectacle des asiles de nuit de Moscou. Il y a là un étrange problème ; et si nous cherchons à pénétrer l'âme de Tolstoï, il y a peut-être également là le mot de l'énigme. Dès maintenant, sans aller jusqu'au bout de l'article sur le recensement, on peut prévoir comment il sera terminé. Lorsqu'il est si indispensable à un homme d'être vertueux, quoi qu'il fasse, il aura toujours raison : devant lui-même, devant tous les autres. Le bien viendra chez lui, Tolstoï le *fera venir* chez lui, même s'il était nécessaire pour cela d'en priver tous les autres hommes.

C'est ce qui arriva, comme tous ceux qui ont lu les *Réflexions à propos du recensement* s'en souviennent. Tolstoï *abandonna* les pauvres de Moscou pour cette raison – il l'explique en détail – qu'*on ne pouvait leur venir en aide.* Il avait donné de l'argent à quelques-uns d'entre eux, une, deux, trois fois ; il leur en avait donné autant qu'ils en avaient besoin, d'après leur propre calcul, afin de pouvoir se mettre sur pied. Cela n'eut pourtant aucun résultat. Tolstoï ne réussit pas à sauver un seul d'entre eux. Il partit alors à la campagne, pour démêler à loisir ses impressions et pour trouver une solution à cette grave situation.

Sa situation était, en effet, affreuse. Les mots avec lesquels Tolstoï définit son état d'esprit : « Il est impossible de vivre ainsi » nous montrent, même si ses récits sur les pauvres de Moscou n'ont pas fait sur nous l'impression voulue, les sentiments qu'il avait éprouvés lui-même en face de ces plaies de la vie des grandes villes. Et, en effet, comment un homme tel que Tolstoï peut-il vivre, si tous ceux qui peuplent les asiles de nuit continuent à vivre près de lui ? Heureux ceux qui n'ont jamais ouvert les yeux sur de telles horreurs ! Mais que doit faire celui qui les a vues, qui ne peut pas les oublier, qui ne veut pas, qui ne doit pas les oublier ? Peut-on garder cela dans sa mémoire ?

CHAPITRE IV
[LA MORALE DE TOLSTOÏ ET LE DEVOIR KANTIEN]

Tolstoï, de retour dans ses terres, parvint à des conclusions qui nous donnent une réponse à ces questions. Elles sont connues de tous et il n'est pas utile d'en parler en détail. Tolstoï jugea que tout le mal venait de ce que nous autres, intellectuels aisés, qui voulons aider les pauvres de la maison Liapine ou d'ailleurs, nous ne sommes pas suffisamment vertueux pour cette entreprise; et nous devrions nous guérir nous-mêmes avant de songer à guérir les autres. Avec de l'argent, il est impossible de rien faire de bon, car ce n'est pas d'argent que ces miséreux ont besoin. Ce qu'il leur faut, c'est qu'on leur apprenne à travailler, à estimer, à aimer le travail, ce travail par lequel on acquiert des moyens d'existence. Mais, comment pouvons-nous leur enseigner ces choses alors que, de notre côté, nous ne travaillons pas, nous ne faisons rien? C'est pourquoi nous devons avant tout penser à nous-mêmes, nous corriger : alors tout le reste ira de soi. Alors nous pourrons enseigner par la parole et par l'action, et pas seulement par des phrases que nos actions contredisent ; et par surcroît, nous passant du travail des autres, nous cesserons par là de les priver du nécessaire qui constituait notre luxe. Ainsi Tolstoï, quittant l'habit européen s'habilla en paysan, se mit à chauffer lui-même son poêle, à faire sa chambre, à labourer, à semer etc. « Et c'est alors, dit-il, qu'arrivé à cette conscience et à ce résultat pratique, je fus *pleinement récompensé* de n'avoir pas reculé devant les conséquences de la raison et de m'être dirigé du côté où elle me conduisait ».

En quoi consistait la récompense ? Serait-ce une transformation des habitants de Liapine, un adoucissement de leur vie affreuse ? Évidemment non ; les pauvres de Liapine sont oubliés : c'est Tolstoï lui-même qui était devenu meilleur. Il se trouva, nous explique-t-il, qu'« ayant consacré huit heures au travail physique – cette demi-journée que je passais, en efforts accablants, à lutter contre l'ennui – il me restait encore huit heures…, il se trouva que le travail n'excluait pas la possibilité du travail intellectuel, que non seulement il l'améliorait mais qu'il le facilitait. ». Et plus loin : « Plus le travail était dur, plus il se rapprochait de celui qui est considéré comme le plus grossier – le travail de la terre – plus j'en recevais de *jouissance* et de connaissance ; mes relations avec les hommes en devenaient plus intimes, je me rapprochais d'eux avec plus d'amour, et je ressentais d'autant plus *le bonheur de la vie*. ». En dépit des avertissements des médecins, le travail physique n'avait pas nui à la santé de Tolstoï ; au contraire, il se sentait plus « de force, de bonne disposition, de gaieté, de bonté », qu'il avait travaillé davantage. En outre – et là est l'essentiel – il jouissait d'une paix de l'âme parfaite, sa conscience était tranquille ; il promettait le même résultat en phrases pathétiques et éloquentes à tous ceux qui suivraient son exemple : « Tu sentiras la joie de vivre librement avec la possibilité du bien ; tu perceras une fenêtre, une brèche ouvrant sur le domaine de la morale, fermé jusque-là pour toi ».

C'est à ces conclusions que Tolstoï est parvenu à la campagne. Ainsi, pour nous autres intellectuels, il existe un moyen de bien vivre, d'échapper à l'ennui, de devenir dispos, gais, joyeux ; et, en outre, nous pouvons mettre à nouveau le bien de notre côté, tranquilliser notre conscience et devenir des hommes bons, vertueux et heureux. Tolstoï avait appris cela chez les pauvres de Liapine auxquels il voulait venir en aide. N'est-il pas vrai que ces pauvres étaient pour Tolstoï une heureuse trouvaille ? Et n'étaient-ils pas précisément pour lui les plus nécessaires à cette époque où il ne pouvait plus être dispos, gai, joyeux, heureux et vertueux, à la manière de Lévine, comme au temps où la capture des essaims, la famille, etc., étaient si estimés. Tel est probablement le sort des pauvres : ils ont toujours servi, ils continuent de servir de moyen aux riches. S'il est impossible ou si l'on n'a pas besoin d'en tirer des ressources matérielles, ils peuvent du moins nous procurer des consolations « morales ». Et il se trouve que, non seulement la misère de Liapine ne rend pas l'existence « impossible à vivre », mais qu'on peut vivre excellemment, gai, joyeux et dispos, tout à fait comme, en leur temps, Lévine ou Pierre Besoukhi vivaient après leur mariage. Et mieux :

maintenant, après le recensement, une certaine ressource de vie tout à fait nouvelle et importante est apparue : la conscience de ce que toutes ces joies ne sont pas de simples joies, comme c'est le cas pour d'autres, et même qu'elles ne sont pas non plus le bien comme pour Lévine, mais un acte glorieux au nom du prochain souffrant accompli pour le servir.

S'il était possible auparavant de s'indigner contre tous ceux qui ne vivaient pas à la Lévine, s'il était possible de détruire au nom du « bien » Vronski, Kosnichev, Anna Karénine, il va sans dire que ce droit devient à présent un devoir, un devoir saint, pourrait-on dire si le sens que nous donnons au mot « destruction » ne s'accommodait pas si mal avec notre conception de la sainteté. Tolstoï, selon toute apparence, attendait seulement le jour où il pourrait enfin commencer à prêcher franchement, ouvertement, non par des romans, où il faut attaquer avec précaution, en tenant compte de toutes les conditions que suppose le désir de faire œuvre d'art, mais par des articles qui n'aient pas d'autre but que la prédication.

Alors seulement il a trouvé son œuvre, une œuvre véritable.

Il est vrai que Tolstoï affirme qu'il a trouvé le moyen de guérir l'humanité de tous les maux dont elle souffre. À ce qu'il dit, il aurait découvert le levier d'Archimède. Il suffit de le faire manœuvrer : tout l'ancien monde sera retourné, tous les malheurs disparaîtront et les hommes deviendront heureux. Mais il parle très peu de ce côté de l'affaire. Pour lui, cela va de soi, cela va si bien de soi qu'il n'envisage même pas la possibilité de doutes sincères : la validité des moyens recommandés par lui pour assurer la guérison de l'humanité lui paraît incontestable. À toute objection possible, Tolstoï répond tantôt par le conte de l'homme qui, par son obstination, effraye l'esprit de la mer, tantôt par des raisonnements vagues dont voici l'exemple :

> Cela sera (c'est-à-dire que tous les hommes commenceront à vivre d'après les principes de Tolstoï), cela sera – *et ce sera dans très peu de temps* – lorsque les hommes de notre milieu, et à leur suite la grande majorité des hommes, ne considéreront plus qu'il est honteux de faire des visites chaussé de bottes et qu'il n'est pas honteux de passer avec des caoutchoucs aux pieds près de ceux qui n'ont aucune chaussure ; qu'il est honteux de ne pas savoir parler français ou de ne pas être au courant des dernières nouvelles, mais qu'il n'est pas honteux de manger du pain sans savoir comment il est fait ; qu'il est honteux de ne pas avoir une chemise empesée et un habit propre, mais qu'il n'est pas honteux d'être habillé proprement et de témoigner ainsi de son oisiveté ; qu'il est honteux d'avoir les mains sales, mais qu'il n'est pas honteux d'avoir des mains sans callosités. Tout cela arrivera lorsque l'opinion de la société le demandera...

Ce sera dans très peu de temps ! Peu de temps, c'est là sans doute une conception relative : peut-être dans cinquante, peut-être dans cent ans, peut-être plus tôt. En attendant, vingt ans[1] ont passé depuis que les *Réflexions à propos du recensement* sont achevées. Et bien que Tolstoï, pendant tout ce temps et sans relâche, ait prêché uniquement cela, les conditions de la vie n'ont pas été améliorées : elles ont même, au contraire, empiré.

---

1. Écrit du vivant de Tolstoï (N. d. t.).

Si maintenant, comme il l'avait fait il y a vingt ans, Tolstoï avait eu à nouveau l'idée d'aller visiter les asiles de nuit de Moscou, il n'aurait certes pas retrouvé ses anciennes connaissances. Le temps qui balaye de la terre indifféremment bonheur et malheur a disposé d'eux ; mais Tolstoï aurait trouvé là de nouveaux hôtes, tout aussi affreux que ceux qu'il avait vus jadis et en nombre bien plus grand. En vingt ans, des dizaines, peut-être des centaines de milliers d'hommes ont passé par les maisons de Rojnov, y ont vécu, y ont souffert, ont commis des crimes et sont morts, pendant que Tolstoï se perfectionnait moralement à Iasnaïa Poliana, pendant qu'il préparait des articles foudroyants contre ceux des intellectuels qui n'étaient pas tentés de suivre son exemple. Qu'est-ce que cela signifie ? Comment Tolstoï peut-il se dire à lui-même et nous persuader qu'il est pleinement satisfait de n'avoir pas reculé devant les conséquences de la raison ? De quelle satisfaction peut-il être question tant qu'il y aura les pauvres de Liapine, tant que leur nombre sera aussi accablant ? Le prophétique « ce sera dans très peu de temps » n'a dont été qu'une illusion ? Et quelle décevante illusion !

Ici seulement apparaît pour la première fois ce fait, paradoxal à première vue, que la prédication, comme bien d'autres activités intellectuelles, n'a pas et ne cherche pas de but en dehors de soi. Apparemment, ce n'est pas seulement par la parole, mais aussi par des actes, que Tolstoï enseigne aux hommes à venir en aide à leur prochain. Mais il se trouve que ni la parole ni les actes n'ont de rapport avec le prochain. Les articles et les livres, de plus en plus remarquables en ce qui est de la force et de la plénitude de l'expression, rappellent sans cesse au lecteur le penseur inquiet de Iasnaïa Poliana ; Tolstoï se persuade de plus en plus qu'il a découvert une voie nouvelle, qui conduira sans aucun doute – et dans peu de temps – au bonheur universel ; mais le bonheur est tout aussi loin qu'il l'était auparavant, et la souffrance, cette souffrance affreuse que l'illustre écrivain nous a représentée si parfaitement, la souffrance est restée la même, elle est même devenue plus affreuse. Et il est « satisfait » ? Et déjà il a oublié son « impossible de vivre », simplement parce qu'il laboure et qu'il écrit de bons livres, parce qu'il a de nouveau réussi à faire passer le « bien » de son côté ? Il lui est si « agréable de donner », il considère cet acte de donner comme si important, qu'il peut faire oublier le redoutable « impossible de vivre ainsi » ; on peut même s'avancer avec des accusations sévères, anéantissantes, contre tous ceux qui ne sont pas disposés à voir une solution dans la voie indiquée par lui ?

Dans les *Réflexions à l'occasion du recensement*, l'accusateur n'est pas encore très manifeste. Tolstoï, qui vient de sentir à nouveau l'« agrément du bien », se considère encore comme trop riche pour se fâcher et s'indigner. On dirait qu'il espère pouvoir amener les hommes à le suivre au moyen de caresses et de paroles douces. Évidemment, les hommes ne l'ont pas suivi. Les années passaient, le « dans très peu de temps » était remis de plus en plus loin, les temps heureux n'arrivaient pas, les prophéties restaient inaccomplies : l'irritation de Tolstoï allait croissant. Survint l'inévitable « à qui la faute ? ». Si la doctrine claire et simple de Tolstoï n'aboutissait pas, qui donc était responsable? Les hommes – c'est la faute des hommes – et, d'évidence, rien que des hommes, car, en dehors des hommes, qui répondra? Qui attaquer? À qui faire des remontrances? C'est là le caractère propre de la morale. Elle ne peut exister sans antipode; cet antipode est l'immoralité. Le mal est nécessaire au bien : il sert d'objet à sa vengeance; les méchants aux bons : on peut les citer au tribunal, à tout le moins au tribunal figuré de la conscience.

Ceci explique l'étrange sympathie de Tolstoï pour la *Critique de la raison pratique*. Le sectateur de l'Évangile, le disciple de Jésus-Christ, professe que la *Critique de la raison pratique* « contient l'essence de l'enseignement moral ». La *Critique*, serait-ce seulement par son origine, prive un vrai chrétien du droit de se dire le disciple de Kant. La *Critique de la raison pratique* n'est qu'un pendant à la *Critique de la raison pure*. Kant, ayant découvert les jugements synthétiques *a priori*, les a tenus comme les sources de notre savoir, comme la condition d'existence de la science. C'est ainsi, explique-t-il dans ses *Prolégomènes*, qu'il a enrayé le scepticisme de Hume, qui démontrait l'impossibilité de n'importe quelle science. Kant pouvait avoir raison ou non lorsqu'il a tranché ainsi le problème de Hume; quoi qu'il en soit, cette solution lui parut si importante et si générale qu'il l'appliqua, sans y voir de difficultés, à la philosophie morale.

Dans le domaine des sciences expérimentales, nous étions embarrassés par la conception de causalité, et nous inclinions à la regarder comme la fille bâtarde de l'expérience. Kant démontra l'origine légitime de la causalité, en la classant parmi les jugements synthétiques *a priori*, c'est-à-dire parmi ceux qui devancent l'expérience, qui la conditionnent. L'impératif catégorique est construit à l'image de la causalité, simplement parce qu'il le fallait ainsi pour la plénitude du système.

Les contradictions réelles qui se présentent dans le domaine de la vie morale n'existaient pas pour Kant. L'édifice inachevé de la métaphysique s'élevait devant lui et sa tâche se bornait à terminer ce qu'il avait entrepris, sans apporter de changement au plan une fois conçu, déjà à demi exécuté. Voilà pourquoi interviennent l'impératif catégorique, le postulat du libre arbitre, etc. Toutes ces questions, pour nous si angoissantes, n'étaient pour Kant que matière à construction. Il y avait des fissures à son édifice : il avait besoin de tampons métaphysiques ; il ne s'inquiétait pas de savoir à quel point ses solutions correspondaient à la réalité : il regardait seulement dans quel rapport elles se trouvaient avec la *Critique de la raison pure*, si elles confirmaient ou si elles troublaient l'harmonie architectonique de l'édifice logique. Et, sans nul doute, il atteignit son but. La concordance logique entre les diverses parties de l'édifice ne laisse rien à désirer : elle est tout à fait kantienne.

Mais d'autant plus surprenante est la position de Tolstoï à l'égard de la *Critique de la raison pratique*. Qu'a-t-il de commun entre l'impératif catégorique ou le principe de la rétribution, proclamé par Kant, et l'enseignement évangélique ? Il va de soi que les professeurs allemands vénèrent la doctrine morale de Kant et qu'ils soient exaltés par « sa noble défense du devoir ». Ce qui les satisfait surtout, c'est qu'on peut assimiler l'éthique de Kant aux mathématiques, à cause de la solidité et de l'exactitude de ses déductions. Mais Tolstoï ? Comment pouvait-il accepter une doctrine où la justice et non la clémence est le principe du châtiment (« ce mot orgueilleux de justice », écrit-il dans *Guerre et Paix*), une doctrine où il est affirmé qu'il faut punir non afin que la société soir préservée du danger, pas même afin qu'on puisse par là amender le criminel, mais *parce que* le crime a été commis ? La possibilité de substituer *parce que* à *afin que* avait été pour Kant une victoire véritable, une très importante victoire *ad majorem gloriam* de la *Critique de la raison pure*, dont les intérêts devaient, naturellement, paraître de la plus haute importance à son auteur. Mais Tolstoï professe que la critique de la raison pure est dépourvue de valeur, « qu'elle ne fait qu'encourager le mal régnant ».

Par quoi a-t-il donc pu être attiré vers la *Critique de la raison pratique* ? Il est douteux que la doctrine de Kant sur la compassion lui ait souri. On connaît le « fondement » sur lequel Kant se basait pour rejeter la compassion : elle ne fait qu'augmenter la quantité de souffrance en ajoutant la douleur de celui qui souffre à la douleur de celui qui en a compassion. Tous ces résultats pratiques, qui convenaient si bien à Kant, ne s'accordaient que fort peu avec les tendances de Tolstoï, selon lequel « tout le bonheur des hommes repose uniquement sur ceci, qu'il faut renoncer à soi-même et servir les autres ». Quelles sont donc les raisons qui ont pu amener Tolstoï, si avare de louanges pour les savants – surtout pour ceux qui sont célèbres – à louer ainsi la *Critique de la raison pratique*? Une seule, apparemment : l'impératif catégorique, l'obligation de servir le bien, simplement en tant que bien, exactement ce que Lévine avait rejeté autrefois, après de douloureuses hésitations, comme un principe contraire à la vie et faux. Mais à présent, pour Tolstoï, ce principe est plus précieux que tout. Servir le bien, pour le bien, ce n'est plus un fardeau, mais ce qui soulage, au contraire, du fardeau. Et de plus, en dehors d'obligations imaginaires, l'impératif catégorique lui donne le droit d'exiger des autres qu'ils agissent comme il agit lui-même et qu'ils vivent comme il vit. C'est ce qui lui donne une occasion heureuse de s'avancer avec un sermon ; c'est ce qui lui ouvre des horizons et des perspectives nouvelles, dont, plus que jamais, il a besoin, après que se termine avec *Guerre et Paix* et *Anna Karénine*, la période de sa vie où les horizons et les perspectives étaient autres. Donc le devoir, le devoir kantien pur, prenant cette forme qui ne laisse pas la place au doute sur ce qui est permis ou défendu, constitue maintenant pour Tolstoï le fondement de sa doctrine, alors que, récemment encore, il se fiait si peu à la raison : il exigeait des hommes qu'ils ne changent pas à la légère pour des nouveautés les voies de leurs aïeux, qu'ils se confient, non pas aux démonstrations de la raison, qui s'imagine pouvoir refaçonner le monde, mais à l'instinct immédiat, qui donne la possibilité de « s'enfoncer dans la terre comme une charrue ».

CHAPITRE V
[LA PRÉDICATION DE TOLSTOÏ]

Des comparaisons entre la nouvelle doctrine de Tolstoï et ses anciennes conceptions peuvent sembler injustes et superflues. Qui n'oublie le passé, il faut lui crever l'œil. Et Tolstoï a renié si solennellement son passé qu'il est illogique et absolument vain de l'accuser de contradictions. Il avoue lui-même avoir été mauvais. Que faut-il de plus ? Mais avant tout, je veux, moins que personne, accuser Tolstoï. Il était, est et reste à toujours « le grand écrivain de la terre russe »[1]. Si je consulte son passé, ce n'est pas pour l'accuser, mais uniquement pour mieux comprendre le sens et la portée de sa doctrine. Et je suis moins frappé par les différences que présentent le nouveau et l'ancien Tolstoï que par l'unité et la conséquence qui caractérise le développement de sa philosophie. On y trouve également, à la vérité, des contradictions fondamentales, et il ne convient pas de les

1. Expression de Tourguéniev dans sa dernière lettre à Tolstoï (N. d. t.).

oublier. Toujours est-il que Tolstoï, du temps de *Guerre et Paix* et d'*Anna Karénine*, est pour nous un témoin important ; et non seulement il est permis de l'écouter, mais il faut l'écouter à tout prix, surtout du fait que cet homme merveilleux, ainsi qu'il a été montré plus haut, a toujours, obstinément, pendant toute sa vie, professé cette conviction qu'en dehors du « bien », il n'existe pas de salut.

Toutes les transformations de sa philosophie ne dépassaient jamais les limites de la « vie dans le bien » : ces transformations touchaient seulement la question de savoir en quoi consistait le bien, comment il fallait agir pour avoir le droit de le croire de notre côté. C'est pourquoi on a toujours remarqué chez Tolstoï une intolérance de sectaire à l'égard de l'opinion des autres, à l'égard de ceux qui menaient une vie différente de la sienne. Telle est la nature du bien. Qui n'est pas pour lui est contre lui. Et quiconque a reconnu la souveraineté du bien est forcé de diviser ses prochains en bons et méchants, c'est-à-dire en amis et en ennemis. Il est vrai que Tolstoï est toujours prêt à pardonner à son prochain, à le faire passer de la catégorie des méchants dans celle de bons, mais sous réserves, à la condition du repentir. « Reconnais que tu avais tort, que tu as été mauvais, vis comme moi, alors je t'appellerai bon. ». Sinon, il n'y a pas de réconciliation possible. Mieux, sans cette condition, l'hostilité est déclarée définitivement. Non pas, évidemment, l'hostilité dans le sens courant du mot. Tolstoï ne frappera pas son ennemi, n'essayera pas de lui nuire. Au contraire, il tendra sa seconde joue lorsqu'on l'aura frappé, il acceptera l'outrage, la souffrance, et sera d'autant plus heureux qu'il aura plus à donner. Il ne réservera que cela seul : son droit au bien.

À toute attaque contre ce droit, Tolstoï montre une avidité qui égale celle du Henri V de Shakespeare lorsqu'il s'agit de gloire. Chacun d'eux, Tolstoï, Henri V, admettent que, dans le cas donné, l'avidité n'est pas un vice et que, loin qu'on puisse en faire reproche, elle doit être comptée comme qualité. Il n'y a rien à exiger du roi anglais ; mais lorsque Tolstoï se montre aussi prompt à défendre son bien qu'un chevalier du Moyen Âge, on est amené à de sérieuses réflexions. Cette vertu, ce bien que nous avons toujours cru placé hors des *atteintes* d'une énumération propre à l'égoïsme, se trouve être soudain un des biens tout aussi humain, tout aussi inaliénable que les autres bien purement païens, tels que gloire, pouvoir, richesse, etc. Pour le bien aussi, une lutte implacable est possible, au moyen d'autres armes toutefois.

Toute la vie de Tolstoï en est un exemple ; toute sa prédication en est la preuve. Dans sa dernière œuvre, *Qu'est-ce que l'art ?* Tolstoï, déjà septuagénaire, a, pour défendre son droit, entrepris de lutter contre une génération entière. Et comme cette lutte l'inspire ! Ce livre, qui n'a d'autre but que de déclarer aux hommes : vous êtes immoraux, c'est moi qui suis moral, c'est-à-dire le bien suprême est pour moi, non pour vous, est écrit avec une telle perfection qu'on n'en trouve pas d'autre exemple dans la littérature russe, peut-être même dans la littérature mondiale. En dépit de la tranquillité extérieure du ton presque épique, l'excitation passionnée et l'indignation qui agitaient Tolstoï ne se font que trop sentir, même à ceux que les sources de la force créatrice de ce merveilleux écrivain n'intéressent pas beaucoup. On ne trouve pas trace de ces paroles injurieuses qui traduisent d'ordinaire la colère humaine. Tolstoï évite même les sarcasmes. Il n'a d'autres armes que sa propre ironie délicate, ou bien encore quelques épithètes d'aspect inoffensif tels que : « méchant », « immoral », « dépravé ». Le mot d'« impudence » n'est employé qu'une seule fois, appliqué à Nietzsche. On est porté à croire qu'on ne peut arriver à rien par de tels moyens, surtout de nos jours, où le mot immoral semble avoir perdu depuis longtemps tout ce qu'il avait autrefois de force tranchante, où son opposé, « vertueux », que Tolstoï ne craint pas d'employer pour désigner son parti, pour désigner les siens, est à peu près tenu comme synonyme de comique. Néanmoins que ne peut réaliser le talent ! *Qu'est-ce que l'art ?* est un modèle de polémique. Exprimer avec plus de force ce que Tolstoï a exprimé est impossible et le serait même si l'on n'avait pas à tenir compte des conditions de la défensive chrétienne, à laquelle il s'était volontairement borné. Je suis profondément convaincu que, pour la plupart, les lecteurs, et surtout les lecteurs russes, si éloignés qu'ils soient de l'idéal de Tolstoï, si peu enclins qu'ils soient à se départir de leurs avantages de classe privilégiée, ont dû éprouver, à lire sa nouvelle œuvre, un véritable plaisir ; ils ont même dû trouver qu'« au fond », il a tout à fait raison.

Il est vrai que, cette fois, comme il en a toujours été jusqu'à présent, la cause du « bien » n'a nullement avancé, et elle a même, si l'on veut, encore perdu du terrain. Car parmi les nombreux lecteurs de Tolstoï à qui l'art du grand écrivain fait éprouver un vrai plaisir, il en est qui veulent sincèrement apprendre quelque chose de lui et corriger leur vie. Or les paroles de Tolstoï tombent comme du plomb dans leur conscience : déjà leur vie n'est pas gaie : les attaques de ce juge inexorable achèvent de l'empoisonner. « Oui, ce que nous mangeons, ce que nous buvons, ce dont nous nous habillons et tout ce que nous avons, nous le prenons aux paysans, auxquels nous ne donnons rien en retour », ainsi répètent-ils les paroles de leur maître, mais, évidemment, ils n'y peuvent rien. Ils s'en vont dans les villages où Tolstoï les appelle : ils en reviennent la conscience encore plus chargée, car dans les villages, ils ne sont arrivés à rien, ou du moins à presque rien, bien qu'ils aient suivi le programme élaboré pour eux à Iasnaïa Poliana. On leur demandait de vivre au milieu des paysans et comme des paysans. Évidemment, ils n'avaient pas réussi : ils revenaient à la ville malades, privés de force, exténués, la conscience déprimée par l'énormité de leur dette.

Quant à ceux sur qui Tolstoï voulait, ou du moins aurait dû vouloir essayer son levier, afin de les bouleverser, ceux-là ne sourcillaient pas même en le lisant. Tout au contraire, ils relisaient avec plaisir ses nouveaux articles, comme des morceaux de littérature édifiante, comme ils lisaient les Évangiles ou les prophètes. Je connaissais un industriel, millionnaire, qui prêtait de l'argent à intérêt et qui se croyait tolstoïen. Cet exemple n'est pas une exception. Au contraire, il montre typiquement la réaction du public devant cette prédication. À quoi bon tant parler ! Tolstoï, en effet, ne prêche pas en son propre nom. Il ne fait que répéter dans la langue actuelle ce que les prophètes et les apôtres enseignaient il y a deux mille ans. Mais si les peuples européens ont eu la Bible tant de siècles comme livre saint et n'ont pas exécuté ses commandements, comment Tolstoï pouvait-il sérieusement espérer que sa parole aurait plus d'effet que la parole de ses maîtres ?

Aussi bien il est probable que sa promesse « cela sera dans peu de temps », de même que son ardente prédication, n'avait rien à voir avec la lutte réelle contre le mal et le mensonge, mais seulement avec ses propres fins, avec des fins exclusivement personnelles. Ce n'était pas en dehors de lui qu'il avait besoin d'agir, ce n'était pas les autres qu'il fallait aider : il voulait seulement se trouver un travail, une satisfaction qu'il n'avait pas trouvés dans ses œuvres littéraires. *Guerre et Paix*, qui portait la marque de l'apaisement et de l'achèvement complet, fut suivi d'*Anna Karénine*, *Anna Karénine*, semblant à son tour être l'œuvre d'un esprit tout d'une pièce, d'un esprit satisfait de lui-même, fut remplacée par la prédication de la morale. Faut-il y voir le terme ? Mais qui pourrait prévoir ces choses ? Peut-être Tolstoï aura-t-il encore une fois la force et le courage de brûler ce qu'il vénère aujourd'hui et d'annoncer une parole nouvelle ? Il rejette aujourd'hui son premier travail littéraire, alors qu'il s'y adonnait autrefois avec tant de franchise et tant d'ardeur. Ce travail n'est bon à rien, n'aboutit à rien. Mais la prédication sur laquelle il compte aujourd'hui aura-t-elle plus d'effet ? Alors à quel *critérium* de l'action humaine Tolstoï recourra-t-il ? Il rejette aujourd'hui tout l'art, le sien propre et celui des autres, en alléguant que le peuple n'en a que faire. Mais si la prédication, elle non plus, n'améliore pas les conditions d'existence du peuple, ne faut-il pas, en conséquence, la rejeter elle aussi?

Mais, pour ce qui est de la prédication, Tolstoï ne semble pas admettre, aujourd'hui du moins, la même échelle que celle qui lui sert à définir la valeur de tous les autres genres de littérature. La prédication est bonne en soi, indépendamment des résultats qu'elle peut apporter. Il y a une possibilité de rendre tout art précieux dans ce sens. Pour cela, il est nécessaire de lui proposer les mêmes fins que celles que la prédication se propose. L'artiste qui veut avoir le droit de porter cet honorable nom doit satisfaire dans ses œuvres à deux conditions : en premier lieu, il doit écrire de telle sorte que tous, sans exception, le comprennent; en second lieu, il doit parler non pas de tout ce qui l'intéresse mais seulement de ce qui peut provoquer de bons sentiments chez son prochain. Se plaçant à ce point de vue, Tolstoï condamne l'art moderne tout entier, à commencer par ses propres œuvres, en finissant par Shakespeare, Dante et Goethe, sans parler d'écrivains moins connus, surtout plus récents; et s'il critique ces derniers, il ne peut trouver dans son court répertoire de mots injurieux-vertueux une expression assez forte. Il ne fait d'exception que pour de rares œuvres de rares écrivains.

Dans cette liste limitée de dignes maîtres de la parole, il est curieux de voir le nom de Dostoïevski, de ce même Dostoïevski que Nietzsche appelait son maître. À vrai dire, Dostoïevski ne répond pas à la condition fondamentale que Tolstoï a posée aux écrivains. Les paysans ne le comprendront pas, car il est pour eux tout aussi docte que Shakespeare. Tolstoï trouve probablement qu'en revanche, Dostoïevski satisfait mieux que tout autre à la seconde condition : il enseigne le bien. Sous ce rapport, Tolstoï a entièrement raison. Dostoïevski, en effet, dans toutes ses œuvres (exception faite pour une partie des *Souvenirs de la maison des morts*, ouvrage que Tolstoï recommande particulièrement), n'oublie jamais d'enseigner le bien. Seulement, par quoi a-t-il pu trouver l'indulgence de Friedrich Nietzsche, pour qui le bien était à peu près ce que le diable était pour la *Gretchen* de Goethe ? Mais comprendre pourquoi Nietzsche et Tolstoï estimaient Dostoïevski, c'est trouver la clef qui expliquera leurs philosophies, en apparence si contraires l'une à l'autre. Nous nous arrêterons, pour tenter cette explication, à l'une des œuvres les plus caractéristiques et les plus célèbres de Dostoïevski : *Crime et Châtiment*.

CHAPITRE VI
[CRIMES ET CHÂTIMENTS]

L'idée fondamentale de *Crime et Châtiment* est pour ainsi dire contenue dans le titre même du roman. Son essence consiste en ceci que l'infraction à la « règle » ne peut être autorisée sous aucun prétexte, même si l'on ne comprend pas du tout pour quels besoins cette règle a été inventée.

Un étudiant pauvre, Raskolnikov, se décide à tuer une vieille femme déjà à moitié morte, afin de se procurer les moyens nécessaires pour assurer son existence. Raskolnikov est un homme de talent, plein de vie et désireux de trouver un travail digne de ses forces. Tous ses rêves touchent de près Dostoïevski, qui n'était nullement, comme l'était Tolstoï, convaincu que tout travail intellectuel est immoral. Au contraire, si Raskolnikov avait reçu par hasard les ressources qui sont nécessaires pour ordonner son travail à l'aide des moyens autorisés par la loi, Dostoïevski aurait béni tous ses plans. Mais ces ressources, il est impossible de se les procurer par les voies autorisées. Il faut choisir entre deux alternatives : ou renoncer à l'avenir et gaspiller sa vie à un travail grossier et dépourvu de sens, à lutter pour le morceau de pain de chaque jour, ou se frayer une voie vers une vie véritable (d'après l'opinion de Dostoïevski, « véritable ») par le moyen d'un crime, par le moyen d'un meurtre. La moitié du roman est occupée par les méditations de Raskolnikov luttant contre l'idée qui vit en lui : selon cette idée, le meurtre n'est pas permis. D'une part, une voix intérieure lui dit : « Il n'est pas permis de tuer » ; d'autre part, mille arguments viennent lui prouver qu'il ne faut pas écouter cette voix, qu'on peut tuer. Dans la recherche de ces arguments, Raskolnikov (c'est-à-dire Dostoïevski) est inépuisable ; c'est cette recherche qu'on appelle « la psychologie du criminel », c'est elle qui a fait la gloire du roman. Il y a, du reste, un seul thème fondamental : des meurtres ont été commis par les hommes, en nombre incalculable, et impunément. Toute la question, se dit Raskolnikov, ne réside nullement en ceci qu'il est « défendu » de tuer, mais en ceci que ce « défendu » n'a de force qu'à l'égard des petits et des faibles. Les grands et les forts ne craignent pas cet obstacle purement formel, et, lorsqu'à la poursuite d'un but, ils sont arrêtés par lui, ils le balayent de leur chemin. Napoléon en est l'exemple. C'est dans cet esprit que Raskolnikov avait écrit son article pour la revue. Et c'est à peu près les mêmes raisonnements qui le décident à commettre le meurtre.

Je ne sais s'il est nécessaire de faire remarquer ici que Raskolnikov est un meurtrier de pure fantaisie et que, dans un état d'esprit pareil au sien, il n'est pas possible de commettre un meurtre. Je crois que Dostoïevski lui-même ne le nierait pas. Et c'est précisément là qu'est tout l'intérêt du roman. Le vrai meurtrier et les moyens par lesquels il se débarrasse du commandement « tu ne tueras pas » n'intéressaient nullement Dostoïevski. C'est pourquoi il a choisi comme victime pour Raskolnikov une vieille femme prête à rendre l'âme à Dieu d'un jour à l'autre. C'est exactement ce qu'il fallait à Dostoïevski. Il voulait placer son héros dans de telles conditions que son crime ne soit un crime que du point de vue formel. Je crois que si Dostoïevski avait pu, sans trop compliquer le roman, arranger les choses de telle sorte que Raskolnikov ne frappât la vieille qu'après sa mort naturelle, il l'aurait fait ; et, par la suite, il l'aurait néanmoins amené à succomber à ses remords, à se livrer à la justice, à partir au bagne, etc. Pour Dostoïevski, la question se posait ainsi : qui est dans son droit, qui agit le mieux : ceux qui (tel Dostoïevski lui-même) suivent la règle, alors que le sens leur en échappe, ou ceux qui, pour une raison ou l'autre, osent l'enfreindre ? La deuxième partie de *Crime et Châtiment* sert de réponse. Raskolnikov se résigne et nullement parce qu'il est pris de pitié pour sa victime (la victime, les deux victimes ne jouent aucun rôle dans le roman et, pour Dostoïevski comme pour Raskolnikov, elles ont uniquement la valeur tout extérieur d'un obstacle, d'une ligne au-delà de laquelle on ne doit pas s'aventurer), il se résigne simplement parce qu'il a compris qu'il n'est pas permis d'enfreindre la règle. Pour amener Raskolnikov à en prendre conscience, Dostoïevski invente pour lui les plus affreuses tortures.

Un « talent cruel » ! Mais d'où lui vient cette cruauté ? Dostoïevski serait-il fait autrement que tous les hommes ? C'est ici la même histoire que pour

Tolstoï, seulement un peu différente. Il s'agit de forcer Raskolnikov (un meurtrier de pure fantaisie qui, je le répète, n'a jamais existé) à se soumettre à la règle, afin de tirer sa propre vertu de soumission à la règle. Dostoïevski, comme Tolstoï, est prêt à tendre la joue à son prochain, mais, quant à sa vertu, quant à son droit à la vertu, non seulement il ne le cédera pas, mais il en dépouillera son prochain. Et quand il s'agit de lutter pour ce droit, il devient implacable.

Bien plutôt, plus il peut montrer de cruauté, plus fortement il peut châtier sa victime ; plus parfait est son triomphe. Mais c'est encore peu pour lui ; il n'est pas satisfait de toturer sa victime : il lui arrache l'aveu de son tort, de sa faute, de son crime. Je citerai quelques mots dans lesquels apparaît tout Dostoïevski : « C'était chose étrange de voir comment, dans cette petite chambre, s'étaient réunis, à la lecture du livre éternel, un meurtrier et une prostituée ». Le meurtrier est Raskolnikov, la prostituée Sonia. Quel besoin Dostoïevski avait-il, lui qui ne se séparait jamais de l'Évangile, de stigmatiser de ces tristes noms un étudiant exténué de faim et une femme qui, par sa honte, nourrissait toute sa famille, Sonia ? Est-ce là ce qu'il a trouvé dans l'Évangile ? Est-ce de cette façon qu'il lisait l'Évangile ? Nullement : ce qu'il lui fallait, c'était des droits et des privilèges spéciaux, pour lui, l'homme du souterrain, lui qui ne pouvait s'empêcher de céder le pas à un officier et qui espérait vainement dépasser Napoléon. Et il se faisait un mérite de ce qu'il n'avait pas enfreint la règle ; il se faisait un mérite de sa vertu, inventée par lui dans les longues nuits d'insomnies qu'il passait à lutter contre les tentations de la force, pour lui à jamais inaccessible. Il en résulta une « psychologie », et même deux psychologies. D'une part la première partie de *Crime et Châtiment* dans laquelle Raskolnikov, et avec lui l'auteur, se reconnaissant incapable du crime, avoue sa faiblesse ; d'autre part la deuxième partie, où Dostoïevski, sans Raskolnikov cette fois, découvre dans la fidélité à la vertu une nouvelle « auréole », une source de gloire et de fierté.

Et, alors seulement, vainqueur de ses doutes sur la faiblesse, Dostoïevski commence à fêter la victoire de la règle sur Raskolnikov, comme si c'était sa victoire personnelle. Et plus Raskolnikov est humilié, couvert de honte, accablé, d'autant plus grande est la sérénité de Dostoïevski ; à la fin du roman, quand Raskolnikov, privé de tous ses droits juridiques, même de ses droits moraux, se repent du passé, Dostoïevski lui octroie la paix de l'âme, à la condition qu'il passe au bagne le reste de sa vie : il doit y vivre « meurtrier » repentant, n'osant plus aspirer au bonheur, en compagnie de la « prostituée » Sonia qui devra, elle aussi, racheter par de bonnes œuvres les malheurs de sa jeunesse.

À présent, il est possible de comprendre le « talent cruel ». À présent, il est possible de comprendre pourquoi, l'un aussi bien que l'autre, Nietzsche et Tolstoï vinrent s'incliner devant lui. Les méditations souterraines de *Crime et Châtiment* attiraient Nietzsche. Lui-même, depuis qu'il était malade, sans espoir de guérison, ne pouvait plus apercevoir le monde et les hommes que du fond de son souterrain ; il devait remplacer la force réelle par des méditations sur la force. Il pardonna volontiers à Dostoïevski la seconde partie : le châtiment, pour la

première : le crime. Tolstoï, au contraire, pardonna la
première partie pour la seconde. Car la « psychologie »
qui menace de détruire le caractère d'obligation absolue
de la règle n'allait certainement pas à Tolstoï. Tout cela
n'est que « pourriture », que « dépravation », tout cela
n'est qu'idées « perverties », invention d'une « foule
oisive et cultivée » (toutes expressions de Tolstoï qui,
réunies, ne donneront peut-être pas une impression
d'humilité, qui, même prises à part – surtout aussi
nombreuses que Tolstoï les admet dans son dernier livre
– témoignent assez de la douceur de l'illustre écrivain) ;
évidemment, le livre ne peut être loué pour de pareilles
choses. Mais Raskolnikov a été châtié ; à Raskolnikov on
a arraché l'aveu de son crime, le pardon lui a été accordé
à la condition qu'il mène une vie conforme au bien ; cela
ne suffit-il pas pour mériter le nom de maître du peuple ?

Je me permettrai ici une courte digression, qui, étant
donné l'objet du présent livre, ne sera probablement pas
inutile. Je voudrais comparer la conception du monde
de Shakespeare, de ce même Shakespeare que méprise
Tolstoï, et celle de Dostoïevski. Les comparer, non dans
toute leur ampleur, mais seulement en partie : dans leur
compréhension du mal et du crime. Nous trouvons chez
Dostoïevski, Raskolnikov, chez Shakespeare, Macbeth.
Le sujet est le même dans les deux œuvres. Les écrivains
sont tous deux chrétiens ; mais Shakespeare ne fait
jamais ressortir ce fait, alors que c'est pour Dostoïevski
une *profession de foi*[1] littéraire

Ce qui frappe, si l'on compare *Macbeth* et *Crime et
châtiment*, c'est l'attitude des auteurs envers les victimes

---

1. En français dans le texte.

du meurtre. Chez Dostoïevski, les deux femmes tuées ne jouent aucun rôle. Nous le soulignons : s'il avait pu, il les aurait laissées en vie ou bien les aurait fait ressusciter, tant le fait de leur mort le laisse indifférent. Si elles ont été introduites dans le roman, c'est uniquement parce qu'il fallait un objet à Raskolnikov. Pour Dostoïevski, le sens et la portée du crime ne tiennent pas au mal que Raskolnikov a pu faire à ses victimes, mais bien au mal qu'il a pu se faire à lui-même, à son âme. Sous ce rapport, l'auteur et le héros de *Crime et châtiment* sentent et pensent tout à fait de la même façon. Dostoïevski ne parle presque pas de la vieille femme ni de la jeune fille, alors qu'il parle de bien des choses qui n'ont rien à voir avec le roman, alors que, bien souvent, il fatigue par sa verbosité ; Raskolnikov, de son côté, pense à peine à celles qu'il a tuées, alors que sa fantaisie lui peint sans trêve les images les plus horribles.

Ce que nous voyons dans l'œuvre de Shakespeare est tout différent. Macbeth, il est vrai, ne pense à rien d'autre qu'à son âme. Pour lui, toute l'horreur de ses actions se ramène exclusivement à ceci : qu'il doit répondre. Il a perdu son âme à tout jamais, il « ne peut pas prier », il ne peut pas répondre *amen* lorsque les autres disent : « Seigneur, bénissez-nous », et ce douloureux état obscurcit pour lui tout le reste du monde, tous les autres hommes. Il s'est enfoncé si avant dans le sang que le retour lui paraît inutile. Il sent qu'il est retranché du monde tout entier, il ne voit dans tous les hommes, morts ou vivants, que des ennemis qui cherchent à perdre son âme. Mais Shakespeare regarde Macbeth de ses propres yeux. Il n'oublie jamais qu'il ne s'agit pas seulement de l'âme et de sa perte quand il est question du mal et du crime. Au contraire, il ne s'intéresse pas moins aux malheurs que Macbeth provoque autour de lui qu'à la psychologie de l'âme criminelle. Voici comment Ross décrit l'état de l'Écosse : « Hélas ! Malheureuse contrée ; elle s'effraie de se regarder elle-même. Elle ne peut pas être appelée notre mère, mais notre tombeau. Personne, si ce n'est celui qui reste ignorant de tout, ne peut y sourire. Les soupirs, les gémissements, les cris qui emplissent l'air ne cessent pas, mais personne n'y prend garde. Une violente douleur y semble être un chagrin de tous les jours. C'est à peine si on demande pour qui est le glas du mort, et la vie des bonnes gens se termine avant que la fleur de leur chapeau ne se fane : ils meurent sans avoir le temps d'être malades ». Plus loin, Shakespeare dépeint la scène horrible du meurtre de la famille de Macduff. Quelle impression poignante produit l'horreur muette de Macduff apprenant la mort de sa femme et de ses petits enfants ! Qui ne se souvient des paroles que Malcolm adresse à Macduff ! « Oh !, ciel ! Macduff ! n'enfonce pas comme cela ton chapeau sur tes yeux ! » ; de Macduff s'écriant ensuite, à propos de Macbeth : « Il n'a pas d'enfants ! ».

Chez Dostoïevski nous ne trouvons rien de semblable. Le crime ne l'intéresse et ne pouvait l'intéresser que par un seul côté : sa portée dans l'âme du criminel. Il s'est approché de son Raskolnikov du côté opposé à celui que Shakespeare a choisi pour s'approcher de Macbeth. La question le hantait de savoir comment d'autres peuvent, comment ils osent faire ce que lui, Dostoïevski, ne pouvait pas, n'osait pas faire. C'est aussi pourquoi il a choisi un meurtrier étudiant à la faculté, qui écrit des articles, qui ne sait aujourd'hui ce qu'il mangera demain ni même s'il mangera demain. De celui-ci – il le savait d'avance – la psychologie aurait raison d'une façon satisfaisante. C'est-à-dire que le meurtre l'anéantirait, l'écraserait sans aucun doute : est-ce que c'est son affaire de tuer ? Et voici la conclusion : dans la soumission à la règle se trouve le sens primordial de la vie ; or Dostoïevski se soumettait à la règle, c'est à lui qu'appartient en conséquence le sens de la vie. On ne trouve pas trace de telles préoccupations dans l'œuvre de Shakespeare. Pour ce dernier, le crime n'est un crime qu'en tant qu'il cause le malheur des hommes : de Duncan, de Macduff, de ses enfants, de toute l'Écosse. La question de savoir s'il est bon d'être soi-même un meurtrier, si on peut voir sa grandeur d'âme accrue du fait qu'on a tué, n'est pas en cause et ne peut être en cause. Il y a plus : même s'il avait pu se convaincre que le meurtre pût ajouter quelque chose et même quelque chose de considérable à sa grandeur d'âme : quoi qu'il en fût, il n'aurait pas tué. Et si ses méditations lui avaient apporté la preuve que la règle : « tu ne tueras pas » n'existe pas, ou que cette règle n'est bonne que pour les petits, les faibles, et que pour les grands, les forts, il existe une autre règle : « tu dois tuer » : quoi qu'il en fût, il n'aurait pas tué. Car, en dehors des avantages de son âme propre, quelque chose compte encore pour lui : le bonheur et le malheur des autres hommes, des enfants de Macduff, du roi Duncan, etc. Si devant lui le « tu dois tuer » s'était dressé avec la même violence innocente et impérative que devant Macbeth et Raskolnikov s'était dressé le « tu ne tueras pas » : quoi qu'il en fût, il n'aurait pas tué. Apparemment, l'attitude de Shakespeare à l'égard du crime échappait entièrement à Dostoïevski. Pour lui, toute la question se ramenait à ceci : quelle règle est la mieux armée, « tu dois tuer » ou : « tu ne tueras pas » ? Et, même sur ce point, il n'a pas été un juge impartial. Il employa toute la force de son génie à soutenir le prestige du « tu ne tueras pas » pour cette raison que, de toute façon, il ne pouvait être un Napoléon. C'est pourquoi il étouffe son Raskolnikov, c'est pourquoi il ne le laisse libre qu'à la condition de s'avouer « coupable ». Il n'y a pas de trace, dans l'œuvre de Shakespeare, de telles préoccupations en ce qui concerne Macbeth.

Peut-être est-il inutile de faire observer que les couleurs avec lesquelles Shakespeare a dépeint les tourments de la conscience du criminel sont beaucoup plus riches que celles dont se sert Dostoïevski ; que, dans le court *Macbeth*, la mentalité et les souffrances du héros sont tracés avec plus d'ampleur et de relief que dans ce long roman, *Crime et châtiment*. Qu'on se rappelle, par exemple, ces mots du meurtrier : « On entend le cri : "Ne dors plus !" à travers tout le château. Glamis a assassiné le sommeil, et c'est pourquoi Gawdor ne dormira plus, c'est pourquoi Macbeth ne dormira plus ! ». Il se dégage de ce cri et d'autres cris semblables de Macbeth l'horreur toute médiévale de ce que le jugement dernier a d'inéluctable. Shakespeare comprenait et savait décrire sans le moindre effort les situations tragiques les plus affreuses ; il ne recourait pas au moindre artifice, il n'accablait pas le lecteur de longueurs perpétuellement répétées. Et toutefois, même ici, combien grande est la différence entre Shakespeare et Dostoïevski dans la peinture de la psychologie du meurtrier ! Non seulement Shakespeare ne cherche pas à « perdre » l'âme de Macbeth, il ne veut pas écraser, anéantir par son éloquence un homme déjà anéanti, écrasé, mais, bien au contraire, il est tout entier, sans réserves, du côté de Macbeth, et cela sans conditions, sans limitations, sans exigences, toutes choses sans lesquelles Dostoïevski et tous les fidèles du « bien » ne relâcheraient leurs criminels pour rien au monde. Et Shakespeare ne redoute nullement, en se comportant ainsi, le risque d'encourager le meurtrier ou d'inviter au meurtre. Encore moins pense-t-il que sa grandeur morale pourrait être diminuée, s'il restait à Macbeth des droits humains, si le criminel osait penser à lui-même, à son salut, et non pas à l'expiation ; dans l'œuvre de Shakespeare, à mesure que la tragédie se développe, Macbeth, non seulement ne recule pas, ne baisse pas sa tête coupable devant un auteur vertueux, tout au contraire, il s'exaspère de plus en plus dès qu'il comprend (ou bien imagine) que jamais son juge intérieur ne pourra lui pardonner d'avoir frappé « un seul coup » ! De cette exaspération, Shakespeare ne conçoit aucune animosité contre le rebelle ; elle paraît au poète une réaction juste et naturelle contre l'ambition illimitée de cet « impératif catégorique », qui ose abandonner un homme à l'anathème pour avoir frappé « un seul coup ». Pour Shakespeare, Macbeth ne cesse pas d'être un homme, d'être son prochain, même après l'acte fatal ; et bien que le féroce roi ait transformé l'Écosse en un sombre tombeau, bien que des milliers de victimes implorent du ciel la justice, Shakespeare ne croit pas qu'il soit nécessaire, ni qu'il soit possible de forcer Macbeth à regarder son châtiment comme légitime. Plus les visions fantastiques s'acharnent contre Macbeth, plus forte est l'énergie avec laquelle il se prépare à résister, et, tant que les forces physiques ne l'abandonnent pas, il ne se soumet pas.

Est-il nécessaire de dire combien Shakespeare est psychologiquement plus véridique que Dostoïevski? Quelque épouvantable que soit le passé d'un homme, quelque remords qu'il ait de son passé, jamais, au fond de son cœur, il n'admettra (il ne peut pas admettre) qu'il a été rejeté justement par les hommes et par Dieu. Évidemment, chacun se résigne, en fin de compte, devant d'insurmontables obstacles, extérieurs et intérieurs. Mais aucun homme n'admet, ni jamais n'admettra, qu'une condamnation éternelle puisse être juste, que tous ses droits soient perdus, qu'il puisse dépendre de l'indulgence et de la magnanimité des autres hommes, qui consentent, à de certaines conditions, à lui accorder le pardon. La lutte gigantesque de Macbeth contre des ennemis vivants et morts en est une illustration sans pareille. Rares sont ceux qui auront l'audace de Macbeth, rares ceux qui oseront jusqu'au bout agir et parler à leur façon, en leur propre nom. En de telles circonstances, un homme ordinaire se rend : il admet que la persécution de l'impératif catégorique est juste, qu'il mérite, en effet, n'importe quelle réprobation éternelle. Mais ce n'est que simulation et mensonge, à l'aide desquels il cherche précisément à éviter le sort dont il s'avoue digne par ses paroles.

Les traits caractéristiques des deux écrivains se sont manifestés dans le choix du sujet. Shalespeare s'est intéressé à un scélérat révolté et vrai. Dostoïevski à un meurtrier des plus soumis, des plus inoffensifs. Shakespeare a cherché à justifier l'homme, Dostoïevski à l'accuser. Qui des deux est le vrai chrétien ? Jusqu'à quel point, quant à sa conception fondamentale (sans parler de la réalisation), *Crime et châtiment* le cède-t-il à *Macbeth* ? Entre ces deux productions littéraires, le degré du talent de chacun des auteurs mis à part, il reste une différence essentielle dans le fond même des buts qu'ils se sont proposés. Dans l'œuvre de Dostoïevski, le premier plan est occupé par la prédication. Dans l'œuvre de Shakespeare, c'est une question purement philosophique. Dostoïevski veut persuader aux hommes qu'on peut servir soit le « bien », soit le « mal », que lui-même sert le « bien » et, en conséquence, qu'il est un homme très digne, alors que d'autres servent le « mal » et sont, par là même, indignes. Pour Shakespeare, la question de la valeur personnelle n'est que secondaire. Une horrible réalité, le crime, est devant lui. Doublement horrible par les malheurs qu'il apporte aux hommes et par la malédiction éternelle à laquelle il condamne le criminel.

Il lui faut comprendre et s'expliquer le sens de ce qu'il voit : nos opinions sur ce qu'est en réalité une âme criminelle sont-elles réellement justes ? Ce qu'il veut, ce n'est pas être magnanime pour son malfaiteur, lui octroyer le pardon afin de prouver sa propre grandeur morale. Il a pour but de trouver le droit de Macbeth, et c'est pourquoi il ne le prive pas de ses forces pour lutter. Après avoir lu *Crime et châtiment*, on reste sous l'impression pénible d'avoir entendu la prédication d'un juste sans péchés dirigée contre un grand pécheur. Après avoir lu *Macbeth* – où l'auteur semble être absent – on a l'impression qu'il n'existe pas de force qui puisse ni qui veuille détruire l'homme, selon ces paroles de l'Évangile : « Ce n'est pas la volonté de votre Père céleste qu'un seul de ces petits soit perdu ».

Nous arrêter plus longuement sur Shakespeare et Dostoïevski, le plan de cet ouvrage ne nous le permet pas. Mais ce qui vient d'être dit me paraît suffisant pour montrer en quoi consiste la différence essentielle entre la philosophie et la prédication et pour qui la prédication est un besoin, pour qui la philosophie.

CHAPITRE VII
[DE LA PHILOSOPHIE À LA PRÉDICATION]

Chez nous, pour marquer le changement survenu chez Tolstoï, on dit qu'il est passé de l'art à la philosophie ; on regrette beaucoup ce changement, car on suppose que Tolstoï, prodigieux, génial en tant qu'artiste, n'est qu'un philosophe très médiocre. La preuve, et la preuve apparemment décisive d'une telle conjecture, on la trouve dans le post-scriptum à *Guerre et Paix*. Il manque de netteté, il est embrouillé. Tolstoï piétine sur place en des phrases vagues et sans portée.

Ceci peut être juste. Mais *Guerre et Paix* ? *Guerre et Paix* n'est-il pas une œuvre en réalité philosophique, écrite par un artiste ? Le post-scriptum n'est-il pas simplement le mauvais plan d'un édifice merveilleux ? Mais comment put-il se faire que l'architecte, qui, construisant l'édifice, avait montré un si grand art, n'ait pas été capable d'en dessiner le plan ? Apparemment, la faute n'en incombe pas à l'architecte, mais bien à l'entreprise elle-même. Apparemment, si ce post-scriptum est mauvais, ce n'est pas que Tolstoï ne connaisse pas l'emploi du compas et de la règle, mais que le compas et la règle n'étaient pas de mise pour l'exécution de cette entreprise. Se privant du droit de se servir de couleurs, Tolstoï se vouait par là même à un travail improductif, car toute la philosophie de *Guerre et Paix* tend à nous montrer que la vie humaine se rencontre au-delà des limites que nous trace l'ensemble des mots abstraits contenus dans le langage. Il est clair que la tentative que fit Tolstoï pour éclaircir *Guerre et Paix* par des explications postérieures ne pouvait que gâter l'affaire. Dans la première partie de son épilogue, il avait achevé de dire tout ce qu'il pouvait dire : toute la philosophie contenue dans les quatre volumes de ce roman a trouvé là une expression si claire et si pleine qu'il ne pouvait plus avancer au-delà. Le prince André, Pierre, Natacha, le vieux Bolkonski, la princesse Marie, les Rostov, Berg, Dolokhov, Karataiev, Koutousov ne nous ont-ils pas conté tout ce que Tolstoï voyait dans la vie et comment il le voyait ? La captivité de Pierre, la sagacité sénile de Koutousov, la mort tragique du prince André, les chagrins et les joies de Natacha, la résignation de Karataiev, le courage stoïque des soldats russes, l'héroïsme caché d'officiers inconnus, la fuite en masse des habitants des villes, est-ce que toutes ces choses, décrites par Tolstoï avec tant de relief et de perfection, n'englobent pas les « questions » du libre arbitre, de Dieu, de la moralité, des lois historiques ? Non seulement ces questions y sont évidemment contenues, mais mieux encore : en parler autrement que sous forme d'œuvre d'art serait impossible. Tout autre moyen n'aurait pas d'autre résultat que le post-scriptum, et surtout s'il s'agit d'un artiste, c'est-à-dire d'un homme qui sait combien il y a à dire et qui sent combien peu disent les lignes. Un tel homme, pour cette raison, essaie de répéter à plusieurs reprises, sous des aspects différents, ce qu'il a déjà écrit : évidemment, il ne peut rien éclaircir et nous amène ainsi à penser qu'il n'est pas un philosophe.

Mais, bien entendu, nous nous trompons. Tolstoï, dans *Guerre et Paix*, est philosophe dans le meilleur sens du mot, car il nous parle de la vie et nous en fait voir l'aspect le plus énigmatique et le plus mystérieux. Que son post-scriptum lui ait mal réussi, cela vient uniquement de ce qu'il cherchait l'impossible. N'importe quel critique aurait écrit une meilleure conclusion à *Guerre et Paix* que ne pouvait le faire Tolstoï : le critique, ne sentant pas, comme l'artiste, toute l'ampleur de la question, serait resté dans les limites des conceptions ordinaires et aurait pu arriver ainsi, d'une façon très relative, à un certain fini, à un certain accomplissement : le lecteur aurait été satisfait. Mais c'est tout justement ce qui montrerait que le critique n'est pas meilleur mais plus médiocre philosophe que Tolstoï; qu'il n'a pas éprouvé le besoin de transmettre entière l'impression que la vie lui a donnée, que, pour cette raison même, il manie à la perfection le compas et la règle, content de son travail, donnant ainsi satisfaction à ses lecteurs.

Dire de Tolstoï qu'il n'est pas philosophe, c'est priver la philosophie d'un de ses plus grands représentants. Car, bien au contraire, la philosophie doit compter avec Tolstoï comme avec une de ses plus grandes valeurs, et cela bien que ses œuvres n'empruntent pas la forme du traité et ne viennent se joindre à aucune des écoles déjà existantes. Comme il a été montré plus haut, toute son œuvre créatrice a été le résultat de son désir

de comprendre la vie, c'est-à-dire du désir qui donna
naissance à la philosophie. Il est vrai qu'il ne touche
pas à certaines questions théoriques que nous sommes
habitués à rencontrer chez les philosophes professionnels.
Il ne parle pas de l'espace et du temps, du monisme
et du dualisme, ni de la théorie de la connaissance en
général. Mais ce n'est pas ce qui détermine le droit
d'être appelé philosophe. Toutes ces questions doivent
être constituées en disciplines indépendantes, ne servant
à la philosophie que de fondements. La vraie philosophie
doit commencer là où se font jour les questions de la
place et de la destination de l'homme dans le monde, de
ses droits et du rôle qu'il joue dans l'univers, etc. C'est-
à-dire, précisément, les questions à l'étude desquelles
Guerre et Paix est consacré.

Guerre et Paix est une œuvre réellement
philosophique : là Tolstoï interroge la nature au sujet de
chaque homme ; là prédomine encore une « naïveté »
tout homérique ou toute shakespearienne, c'est-à-dire
l'absence de tout désir de rétribuer les hommes selon le
bien ou le mal, la conscience qu'il faut aller chercher la
responsabilité de la vie humaine plus haut, en dehors de
nous. Tolstoï ne se départit du ton général, caractéristique
de *Guerre et Paix*, que s'il vient à parler de Napoléon.
Napoléon, pour lui, reste un ennemi du début à la fin, un
ennemi coupable moralement. Non qu'il soit coupable
pour les malheurs qu'il apporte à la Russie et à l'Europe :
ces malheurs lui sont pardonnés. Tolstoï s'indigne
seulement de la prétention orgueilleuse de l'empereur, de
sa conviction que, pendant quinze ans, il faisait l'histoire.
« La dignité humaine me dit que chacun de nous, s'il

ne l'est pas plus, n'est pas, en tout cas, moins homme que n'importe quel Napoléon » : en conséquence, il est impossible qu'il ait disposé de la destinée des peuples. Il n'est qu'un « instrument infime dans les mains de la destinée ». À cause de sa vie insipide, Tolstoï ne veut pas non plus se réconcilier avec Sonia : à cette époque, des êtres insipides, qui ne sont nécessaires à personne, à soi-même pas plus qu'aux autres, le troublaient par le non-sens de leur existence. Mais en dehors d'eux, il ne veut accuser personne, il ne croit pas que cela soit nécessaire. Lorsque Natacha dit à Pierre qu'elle voudrait tout revivre depuis le commencement (revivre les semaines d'agonie du prince André) et « rien de plus », Pierre l'interrompt avec feu en s'écriant : « Ce n'est pas vrai, ce n'est pas vrai. *Ce n'est pas ma faute* si je vis et si je désire vivre. Et aussi vous ». C'est ainsi que Tolstoï résolvait alors les questions importunes de la conscience, ces éternels « coupables » qui barraient le chemin à ses meilleurs héros. « Je vis, et je veux vivre », était alors une réponse qui tranchait même des difficultés aussi délicates que la situation de Natacha, fiancée de l'ami de Pierre, ami mort dans les bras de Natacha quelques mois seulement auparavant. Et quiconque vit, de quelque façon qu'il vive, fut-ce d'une façon immorale ou triviale ou grossière, ne provoquait nullement l'indignation de Tolstoï. À l'égard de Berg, de Droubetzkoï, du prince Basile, sa réaction se traduisait par une ironie bienveillante et gaie ; pour le scélérat Dolokhov et le vieux défenseur du servage, Bolkonski, il montrait de l'estime ; il ne voyait en Hélène qu'un *superbe animal*[1] et il en était à peu près

---

1. En français dans le texte.

de même de son frère Anatole, entièrement semblable à
elle. Toute créature vivante vit à sa manière et a reçu le
droit de vivre. Les uns meilleurs, les autres plus mauvais,
les uns petits, les autres grands, mais personne ne doit
être stigmatisé ou excommunié. Il faut lutter seulement
contre les Napoléon, qui veulent nous priver de la dignité
humaine, et les Sonia, entrées si malheureusement dans
la vie riche et pleine avec leurs vertus inutiles. Avec
quel amour Tolstoï décrit Nicolas Rostov ! Je ne connais
pas d'autre roman où un homme aussi désespérément
médiocre soit peint sous un aspect plus poétique. Même
lorsqu'il casse sur la figure d'un paysan la pierre de sa
bague, il ne déchoit nullement aux yeux de Tolstoï ! Si
Nicolas tombait maintenant sous la main de Tolstoï,
quelle accusation terrible il prononcerait ! Et je ne parle
pas de Pierre ni du prince André. Ceux-ci, en plus de ce
qu'ils ne travaillent pas eux-mêmes, se mêlent encore de
faire les intelligents et se regardent comme des hommes
supérieurs !

Sans aucun doute, Tolstoï était forcé de renier ses
travaux antérieurs, et surtout *Guerre et Paix*. La question
se borne à savoir *si cela est possible*, s'il suffit de
considérer sa philosophie passée, *sa vie passée* comme
mauvaise, pour rompre à tout jamais avec elle. Toute sa
vie ne se réfute pas par *quelques* lignes. *Jamais* Tolstoï ne
pourra se défaire de son passé : ses deux grands romans
l'ont manifesté avec tant d'éclat, qu'il témoignera
toujours – et de la façon la plus accablante – contre lui.
Quoi qu'il puisse prêcher aujourd'hui sur l'« éclaircie
morale », il entendra toujours dans la bouche des autres
sa propre voix, qui s'écriait, il y a trente ans, avec une

telle ardeur, avec une telle franchise : « Ce n'est pas ma faute si je vis et si je veux vivre, et si vous, maintenant, après avoir pris à la vie tout le meilleur, ce dont vous parlez si éloquemment dans *Guerre et Paix*, vous cherchez quelque chose d'autre, peut-être d'aussi bon, peut-être d'indispensable pour vous, mais qui pour moi est étranger, superflu, incompréhensible. La fleur stérile, Sonia – l'avez-vous oubliée ? ».

Autrement dit : si l'on avait montré à Tolstoï, il y a trente ans, ses propres œuvres – les plus récentes – il les aurait reniées, comme il renie maintenant *Guerre et Paix*, bien qu'alors même, ainsi qu'aujourd'hui, il ait toujours été préoccupé de vivre « dans le bien ». Reniement contre reniement. Lequel des deux accepter ? Et avant tout il aurait rejeté son *Qu'est-ce que l'art ?*

Nous avons déjà dit que l'art n'occupe dans ce livre qu'une place de second plan. C'est ce qui apparaît dès le début.

Tolstoï nous raconte comment il avait dû, un jour, assister à la répétition d'un mauvais opéra. À ce propos, il fait des calculs, pour savoir à quel prix devait revenir cette fantaisie ridicule. Il se trouva que ce prix était très élevé. Puis il nous fait savoir que le metteur en scène invectivait grossièrement les choristes et les figurants, que les choristes étaient dénudées d'une façon indécente, que les danseuses faisaient des mouvements voluptueux. Les dépenses considérables faites pour la mise en scène d'œuvres d'art mauvaises, la façon abjecte dont les supérieurs traitent les inférieurs – qui travaillent ainsi à la cause commune privés de tous droits – tout cela est érigé en règle par Tolstoï et constitue contre l'art en général un premier et très sérieux point d'accusation. Que peuvent répondre à cela les compositeurs de drames et de symphonies ? « Tout irait bien si les artistes réalisaient toute leur œuvre de leurs propres mains ; mais il n'en est rien, ils ont tous besoin de l'aide des travailleurs manuels, non seulement pour la réalisation de leurs œuvres d'art, mais aussi pour leur existence, la plupart du temps luxueuse, et ils reçoivent cette aide, de façon ou d'autre, sous forme de rétributions octroyées par les riches, ou sous forme de subsides du gouvernement, qui leur sont données par millions, afin d'entretenir les théâtres, les conservatoires, les académies. Et l'argent est prélevé sur le peuple qui ne jouit jamais des plaisirs esthétiques que peut donner l'art. ».

C'est là le point de départ de Tolstoï : l'art coûte un argent immense ; cet argent, on le prélève sur le peuple ; le peuple ne jouit pas des biens qu'apporte l'art. En outre, on nous sert, à titre d'art, une multitude de stupidités et de médiocrités, tel cet opéra à la répétition duquel assistait Tolstoï ; au nom de l'art, une partie des hommes offensent la dignité humaine des autres. Et la question se pose : l'art est-il vraiment une si importante affaire qu'on doive consentir pour lui à de tels sacrifices ? Ne vaudrait-il pas mieux renoncer à l'art complètement, employer les forces et l'argent qui pourraient être ainsi récupérés à quelque chose d'autre – à l'instruction publique, par exemple, dont on prend si peu de soin ? C'est ainsi que Tolstoï a posé la question. Il est peu probable qu'il se soit trouvé des lecteurs qui, dès le début du livre, n'aient pas deviné la réponse. Le peuple paie l'art à un tel prix et n'en profite pas. Est-il possible de mettre en doute qu'un tel état de choses soit grossier, scandaleux, contre toute justice ? Les riches, qui abondent de tout, vont chez les pauvres et leur enlèvent non seulement ce qui est nécessaire à leur instruction, mais encore ce qui est nécessaire à leur nourriture, afin d'avoir des théâtres, des concerts, des expositions. Pendant la famine, dans les grandes villes, les spectacles ont-ils été interrompus ? Les riches ont-ils renoncé aux jouissances esthétiques pour venir en aide à leurs prochains en détresse ?

Quant au bien-fondé d'une telle question, en apparence, il ne peut y avoir de doute. Toutefois, une circonstance est curieuse. Dans la littérature russe, une opinion semblable à celle de Tolstoï n'est pas une nouveauté. Telle était la façon de penser et de sentir, vers les années soixante, de tous ceux qui se donnaient le nom de « réalistes pensants ». Dans tous les articles, Dobrolioubov ne parlait que de tout oublier, de tout négliger, pour grouper toutes les forces de la société et de l'État à l'aide du peuple submergé de misère et d'ignorance. Il fallait briser les fers du servage, il fallait donner aux paysans tous les droits dont bénéficie chacun de nous. Tolstoï se souvient encore, évidemment, de l'excitation heureuse à cette époque agitée. Après le grand acte de la libération des paysans, les Russes avaient l'impression que rien n'était impossible pour nous ; que, dans le plus court délai, par des réformes sociales, on pourrait arriver à détruire cette inégalité si blessante qui régnait chez nous aux temps anciens. Il est vrai qu'on n'exprimait pas ouvertement ces espérances. Au contraire : beaucoup d'entre nous les recouvraient ostensiblement de noms grossiers, tels que « philosophie positive », « égoïsme », etc. Ils professaient qu'il fallait disséquer des grenouilles et ne penser qu'à son propre bonheur. Mais, derrière ces apparences, le grand et noble dessein de la jeunesse est manifeste, aux yeux du moins de tout homme impartial ; elle espérait sauver la patrie, et régénérer, par la Russie, le monde presque entier.

Après la mort prématurée de Dobrolioubov, apparaît Pissarev. Avec lui, les idées de ses prédécesseurs s'étaient manifestées sous une forme encore plus nette. Plus encore que les autres, il avait foi en sa tâche : celle de sauver la patrie. Mais il choisissait, pour exprimer ses idées, des mots encore plus grossiers, des mots qui cachaient encore plus le fond de ses tendances. Et à sa suite, toute la jeunesse de cette époque se mit à répéter toutes sortes de mots effrayants de négation, à nourrir avec lui des espérances en la proximité de temps meilleurs, à rêver de la grandeur des tâches à accomplir. C'est alors que se fit jour, justement sous la même forme qu'elle est apparue aujourd'hui à Tolstoï, la question de la portée des arts. Quel est le rôle de l'art ? se demandèrent-ils. Sauve-t-il le peuple de l'ignorance ? Nourrit-il, abreuve-t-il, guérit-il ? Développe-t-il la morale ? Préserve-t-il de l'ivrognerie ? Et toutes ces questions reçurent une réponse négative. Non, l'art ne fait que fournir une « jouissance esthétique » aux riches, qui déjà sans cela sont bien chauffés et bien nourris. Et, s'il en est ainsi, à quoi bon les ménager ? En conclusion, paraissent les célèbres articles de Pissarev sur Pouchkine, où toute sa poésie est regardée comme le passe-temps d'un homme vide, passe-temps inutile, qui ne vaut rien. Nekrassov, par contre, écrit bien. On trouve chez lui cette poésie :

« Lorsque je passe dans la nuit par les rues noires... ».
Ces vers nous inclinent à la justice, à la compassion, à
l'humanité. Mais *Eugène Onéguine, Mozart et Saliéri*,
etc., c'est de l'art pour l'art, inutile au peuple, et non
seulement étranger, mais tout à fait hostile aux buts que
se proposait la jeune génération. Et si Pissarev loue les
premières œuvres de Tolstoï, c'est uniquement parce
qu'il les trouve utiles à ses projets sociaux.

C'est ainsi qu'avait été posée, qu'avait été résolue la
question de l'art, dans les années soixante, par les jeunes
meneurs de la jeune génération. Est-il nécessaire de dire
que leurs opinions et leur prédication, pour qui étudie
l'histoire du développement social russe, présentent l'un
des faits les plus consolants du réveil des idées? Leur
franchise juvénile, leur ardeur d'aspect farouche, mais
en réalité pudique, leur enthousiasme pour des idées
irréalisables, leur foi enfantine et naïve en la toute-
puissance du mot imprimé, attirent encore aujourd'hui
avec amour les regards de ceux-là mêmes qui, depuis
longtemps, se sont arrachés à la puissance de leurs
« convictions » et de leurs « principes ».

Mais comme il est étrange de rencontrer maintenant
sous la plume de Tolstoï des raisonnements qui nous
rappellent de si près notre lointaine jeunesse, lorsque,
à la suite de notre maître Pissarev, nous pensions qu'il
est avant tout nécessaire et important de trancher la
question : à savoir quel art est utile à la société; et ce
n'était qu'ensuite qu'il était possible de se permettre
de donner à quelqu'un le rang de poète ou d'artiste. Ce
temps où nous attaquions Pouchkine avec une énergie
toute puritaine de jeunes gens élevés sévèrement dans la

morale, parce qu'il chantait dans ses romans les petites mains et les petits pieds de jeunes filles jolies, parce qu'il méditait sur l'éternité dans *Faust*, ou parce qu'il écrivait *Boris Godounov*, sans aucune utilité pour qui que ce soit, parce qu'il s'occupait tant du vaurien Onéguine et versait des larmes sur la sentimentale Tatiana, au lieu d'appeler les hommes à une tâche importante. Et nous lui reprochions jusqu'à son duel, et nous étions scandalisés lorsqu'on lui érigea un monument. « Pourquoi ? » demandions-nous, exactement comme le fait Tolstoï. Est-ce qu'il est – nous ne disions pas, comme Tolstoï, « saint », nous nous interdisions d'employer ce mot, mais c'est à lui que nous pensions – est-ce qu'il est, disions-nous, utile à la société ? Et nous voulions qu'on érigeât un monument à Nekrassov, en mémoire de son amour pour le peuple, c'est-à-dire pour les humiliés, les offensés, les malheureux ; à Nekrassov, à la suite duquel nous répétions avec enthousiasme :

> Emmène-moi dans le camp de ceux qui meurent
> Pour la grande cause de l'amour !

Que devions-nous penser, en rencontrant, aujourd'hui, chez Tolstoï, une manière si bien connue d'envisager l'art et ses représentants ? Il est vrai que Tolstoï se trouve être plus hardi que nous. Ainsi nous ne touchions pas à Shakespeare et à Goethe. Au fond, nous nous rendions très bien compte de ce que ces écrivains n'avaient aucune valeur de notre point de vue, car on ne trouve pas chez eux cet appel immédiat et passionné au secours du peuple qui inspire la poésie de Nekrassov. Mais Pissarev lui-même n'osait pas les attaquer et nous préférions les passer sous silence ; nous nous permettions de les lire, dans le vague espoir qu'un jour, nous en viendrions à bout. Et si le livre de Tolstoï, *Qu'est-ce que l'art ?* avait paru à ce moment et s'il avait contenu moins de mots vertueux (de tels mots offensaient alors notre pudeur ; nous faisions le bien exclusivement parce que cela nous était « très avantageux »), ç'aurait été pour nous une véritable révélation.

Tout ce que nous cherchions, c'était le droit de nier *tout* art : Raphaël et Beethoven, Shakespeare et Dante : en effet, ces derniers ne se croyaient pas appelés à « chanter les souffrances du peuple étonnant par sa patience » (en parlant comme Nekrassov), ou si l'on emprunte les mots à Tolstoï, à exprimer « la conscience religieuse du vrai christianisme, la conscience de la fraternité des hommes ». Mais, à cette époque, Tolstoï nous offensa profondément par *Anna Karénine*, c'est-à-dire par ce Lévine qui, dès qu'il cessa de penser au salut de la Russie, au salut de toute l'Europe, etc., « s'enfonça dans la terre comme une charrue ». Nous ne pouvions pardonner à Tolstoï de ne plus poursuivre de ses accusations les plaies sociales (ce pourquoi l'avait loué Pissarev) et de s'être mis à nous parler, dans ses romans, de choses qui n'avaient aucun rapport avec l'amélioration des conditions du peuple. *Guerre et Paix*, *Anna Karénine* nous paraissaient être « de l'art pour l'art », attirant, captivant, mais d'autant plus énervant. Nous regrettions seulement que Pissarev ait disparu ; nous regrettions que, pour ses péchés, personne ne puisse rétribuer Tolstoï comme il l'aurait fallu.

Maintenant, Tolstoï remplit lui-même la mission pour laquelle nous attendions un nouveau Pissarev. Il croit l'art de ses romans mauvais et rêve de créer un art nouveau qui servirait le peuple et ses besoins. Comment se fait-il que Tolstoï soit revenu aux idéals qu'il avait fuis dans sa jeunesse ? Nous comprenons Pissarev luttant contre l'art pour l'art, anéantissant Pouchkine. Il est naturel de penser à vingt-sept ans qu'une trop grande admiration de l'esthétique peut entraver la réalisation de grands idéals et qu'il est possible, en quelques articles, d'un seul coup, d'avancer sérieusement la solution des questions économiques et d'autres encore. Il semblait à Pissarev que, dans ce domaine, chacun de ses articles était un événement, et il était impossible que la prédication ne l'inspirât pas. Mais Tolstoï ne sait que trop bien que ses livres ne peuvent rien changer. Il dit lui-même : « J'ai peu d'espoir de voir les motifs que je fais valoir sur la corruption de l'art et du goût dans notre société acceptés ou *seulement discutés sérieusement* ». Et ce n'est évidemment pas la modestie qui parle en lui. Il sait, en effet, très bien que son *Prisonnier du Caucase* ou son *Dieu connaît la vérité mais ne la dira pas de sitôt* (il ne considère que ces deux récits parmi tous ses écrits comme appartenant au bon art) n'auront jamais pour le lecteur la portée qu'ont ses grands romans, ou même la *Mort d'Ivan Ilitch*. Pourquoi, pour qui donc écrit-il ? Pourquoi, au lieu de *Qu'est-ce que l'art ?* n'a-t-il pas écrit encore deux ou trois contes pour le peuple, d'après les règles élaborées par lui pour les artistes de valeur ? Sans doute parce que, lui aussi, il s'occupe d'une question ou d'une autre, non parce qu'il espère par là être utile au paysan, mais parce qu'il ne peut s'empêcher d'y réfléchir. S'il a donné la recette de tout travail artistique, ce n'est pas pour lui, mais pour les autres.

On trouve chez Nietzsche, dans *Ainsi parlait Zarathoustra*, un passage bien curieux. Après sa conversation avec les infirmes, Zarathoustra s'adressait en prêchant à ses disciples. Un des intimes, un bossu, écoutant avec étonnement les paroles nouvelles, demandait au maître : « Mais pourquoi Zarathoustra nous parle-t-il autrement qu'à ses disciples ? » ; Zarathoustra répondit : « Qu'y a-t-il d'étonnant ? Avec des bossus, il est bien permis de parler d'une façon biscornue. » « Bien ! dit le bossu ; et avec des élèves, on peut bien bavarder comme à l'école. *Mais pourquoi Zarathoustra parle-t-il à ses élèves autrement qu'à lui-même ?* »[1].

On n'entendra pas Tolstoï parler ainsi. Il ne permettra jamais au lecteur de pénétrer plus avant que ce qu'il proclame officiellement comme doctrine. Il nous engage à tenir compte, non de lui-même, mais de son école. Nietzsche, lui aussi, sait porter un masque, il ne le met que trop souvent. Mais jamais il n'a protégé le sanctuaire de son travail des regards d'autrui avec autant de soin que Tolstoï : et cependant il avait plus de raisons de se cacher que lui, et cependant il avait quelquefois soutenu que l'unique but de l'écrivain était de s'embellir soi-même et d'embellir la vie. Incontestablement, ceci n'est pas particulier à Nietzsche : Tolstoï lui-même ne converse jamais avec ses disciples autrement que ne le fait un homme qui enseigne ; il ne leur communique que des « résultats » et leur cache ce travail inquiet et pénible

1. *Ainsi parlait Zarathoustra*, « De la rédemption ».

de son âme qui lui semble être l'affaire exclusive du
« maître ». Et c'est pourquoi, chez Tolstoï, une assurance
tout à fait semblable à celle de Pissarev, c'est-à-dire
juvénile, occupe le premier plan, cette assurance qu'il
« suffit aux hommes de vouloir », et l'art pour l'art sera
remplacé par un art nouveau, un art bon. Tolstoï n'ignore
pas ce qui se dissimule derrière ce « il suffit aux hommes
de vouloir ». Dans ces mots se fait jour non pas la jeune
foi de Pissarev, mais le désenchantement d'un homme
vieux qui a lutté longtemps et avec obstination et qui,
maintenant, se résigne à renoncer à une lutte inégale. Ce
n'est pas pour lui qu'il a inventé ces mots, mais pour
les disciples, pour les autres, afin de pouvoir se défaire
des doutes qui le hantent, afin de passer d'une tâche
devenue insupportable, accablante – la philosophie – à
une occupation plus facile et consolante – la prédication.

Tolstoï finit par où avait commencé Pissarev !
Essayons seulement de pénétrer ce fait énigmatique, et
nous comprendrons pourquoi Tolstoï, dans ses articles,
nous foudroie, nous ainsi que notre art.

Il n'a pas su, non plus du reste que personne avant
lui, arracher son voile à la vérité, et il lui faut oublier
cette énigme fatale, il lui faut l'oublier à tout prix. Il a
écrit *Guerre et Paix*, il est sorti pour un temps vainqueur
des tentations du doute et de l'incrédulité. Toutes les
horreurs de l'année 1812 lui ont apparu comme une
image achevée et pleine de sens. La pérégrination des
hommes de l'Orient à l'Occident et de l'Occident à
l'Orient accompagnée d'assassinats en masse, la vie
des hommes les plus divers, de Karataiev et d'Anatole
jusqu'à Koutousov et au prince André, tout cela lui est

apparu comme un ensemble uni et harmonieux : il a su voir en toutes choses la main d'une Providence qui prend soin de l'homme faible et ignorant. *Guerre et Paix* est l'idéal suprême de l'équilibre auquel un homme peut atteindre.

Biélinski écrivait dans une de ses lettres :

> Admettons que j'arrive au plus haut degré de l'échelle de la culture : je ne cesserai pas de vous *réclamer des comptes pour chacun* de ceux que les conditions de l'existence, l'histoire, le hasard, la superstition, l'inquisition de Philippe II, ont rendus victimes ; sans cela, je préfère me jeter la tête la première en bas de l'échelle. Même gratuitement je ne veux pas accepter le bonheur ; il faut encore qu'on me rassure au sujet de *chacun* de ceux qui sont mes frères par le sang.

Dans ces simples mots, l'essence du problème philosophique est exprimée. Ils tracent aussi le programme de *Guerre et Paix :* Tolstoï demandait compte du sort de chacun de ses frères par le sang. Et – il en avait l'impression – il a reçu pleine satisfaction. Il voyait dans tous les événements la main du Créateur : il se résigna donc et son âme s'apaisa. Il ne voulait enseigner à personne, croyant que chacun s'initie soi-même à la vie, que chacun reçoit son lot. Voici comment il dépeint chez Pierre cet état d'esprit :

> On remarquait chez Pierre un trait de caractère nouveau qui lui attirait la sympathie de tous : il admettait la possibilité que chacun pense, sente, juge des choses à sa manière ; il admettait l'impossibilité de faire changer un homme d'opinion par le moyen de mots. Cette particularité naturelle de chaque homme, qui, auparavant, préoccupait, énervait Pierre, était

maintenant le fondement de sa sympathie et de l'intérêt qu'il portait aux hommes. La différence, quelquefois même l'absolue contradiction, qu'il y avait entre les opinions d'une personne et sa vie, comme entre les personnes différentes, faisait plaisir à Pierre et déterminait sur ses lèvres un sourire ironique et doux.

Mais, comme il a déjà été indiqué, Tolstoï ne conserva pas longtemps la sérénité de son âme, et par là même il perdit la possibilité de rester à la hauteur de la philosophie de *Guerre et Paix*. Chez lui comme chez Dostoïevski commençait à se développer l'intolérance, la conscience que ses intérêts s'opposaient non seulement à ceux de Napoléon et de Sonia, mais encore à ceux d'un très grand nombre d'hommes; et c'est pourquoi il s'empara des pauvres de la maison de Liapine et du peuple pour défendre, en se servant de leur nom, le « bien » contre le « mal ». C'est pourquoi il ne voit rien de bon dans la société contemporaine et dans les hommes de son milieu. Ce n'est pas le bon qu'il cherche, il cherche le mauvais, car il lui faut un objet sur lequel il puisse faire passer l'exaspération qui avait empli son âme, l'exaspération contre cette insolubilité énigmatique et opiniâtre des problèmes de la vie. Bien qu'il nous renvoie toujours à l'Évangile, il n'y a que très peu de chrétien dans sa doctrine. Si on voulait le rapprocher de l'Écriture, il faudrait le rapprocher de l'Ancien Testament, des prophètes, qu'il rappelle par le caractère de sa prédication, par ce qu'elle a d'exigeant. Il ne veut pas convaincre les hommes, il s'emploie à les atterrer. « Faites ce que je vous dis ou vous serez des êtres immoraux, pervertis, gâtés. ». J'ai essayé de souligner les mots de ce genre dans le livre de Tolstoï : des pages entières se trouvent marquées de traits de crayon. Apparemment, Tolstoï veut avant tout blesser, offenser « notre société », venger sur quelqu'un sa douleur. Et, ce but, il l'atteint à la perfection par son livre. Il veut nous enlever ce dont nous avons le plus besoin et nous faire accepter ce dont nous n'avons que faire. Le procédé est simple : ce dont nous avons besoin, c'est le mal, et ceux qui ne s'en départissent pas sont les hommes immoraux, mauvais ; ce qui nous est inutile, c'est le bien : ceux qui refusent cet inutile refusent le bien. Et le bien, c'est Dieu. Voici littéralement ce qu'il écrit dans *Qu'est-ce que l'art ?* : « Le bien est le but éternel, suprême de notre vie. De quelque façon que nous nous comprenions le bien, notre vie n'est autre que la tendance vers le bien, c'est-à-dire vers Dieu. ». Le bien, c'est Dieu ! C'est-à-dire : en dehors du bien, il n'y a pas de but possible pour l'homme.

Si Tolstoï, maintenant comme autrefois, entendait par le bien la totalité des choses qui font vivre les hommes, une telle définition pourrait avoir une portée qui dépasse la polémique. Mais alors même, elle serait fausse, et ne pourrait aucunement être acceptée. La Bible nous apprend que Dieu a créé l'homme à son image ; dans l'Évangile, Dieu est appelé notre père céleste. Mais il n'est dit nulle part dans ces livres que, le bien, c'est Dieu. Et cependant, Tolstoï va encore plus loin. Il affirme que « la conscience religieuse de notre temps, dans son application la plus large, est le sentiment de ce que notre bien matériel et spirituel, séparé et commun, temporaire et éternel, se ramène à la vie fraternelle de tous les hommes, à leur union dans l'amour. ». Le but de cette définition est aussi purement polémique, car il donne à Tolstoï le droit de stigmatiser tous ceux qui osent penser qu'en dehors de l'union fraternelle, il y a d'autres biens dans la vie, et surtout ceux qui voient dans l'amour mutuel non pas le but, mais plutôt la conséquence d'un plus grand rapprochement entre les hommes. Tolstoï veut une définition qui lui donne le droit d'exiger des hommes, comme le devoir, l'amour de leur prochain. C'est là-dessus que tout le livre est basé. C'est ce qui lui fournit l'occasion de se révolter, de s'indigner, de prêcher, indépendamment du fait que cela apporte ou non le moindre bénéfice aux pauvres, au peuple, au nom desquels il parle. Chez Dostoïevski, les femmes tuées par Raskolnikov donnent à l'auteur la possibilité d'étouffer le meurtrier ; ainsi, chez Tolstoï, le peuple exploité paraît sur la scène non pour recevoir un soulagement quelconque, mais pour aider Tolstoï à démasquer et à foudroyer. Tolstoï sait que sa prédication ne peut pas venir en aide aux pauvres et aux déshérités et que dans ce sens, elle ne sera, nécessairement, qu'une voix prêchant dans le désert. Si néanmoins il parle, c'est pour un petit nombre d'intellectuels qui l'écoutent : eux non plus ne peuvent rien faire ou très peu, mais chez eux la conscience, lorsqu'ils lisent les articles de Tolstoï, commence sa chanson triste et infructueuse. Ils lisent, ces intellectuels, Shakespeare et Dante, ils écoutent la musique de Beethoven et de Wagner, contemplent les œuvres des peintres célèbres. Ils ont, évidemment, besoin de cela – et combien ! Mais Tolstoï ne le veut pas. Allez vers vos prochains et aimez-les. Tel est votre devoir. Là doit être votre bien suprême. Pour ce qui est des œuvres d'art, que vous admirez, non seulement elles ne sont pas belles, mais elles sont même tout à fait mauvaises et immorales. À cause d'elles, on vole le peuple et elles ne parlent pas d'amour fraternel. Par conséquent, il faut les rejeter.

Telles sont les idées fondamentales de *Qu'est-ce que l'art?* et tels sont, me semble-t-il, les vrais motifs de la prédication du « bien » par Tolstoï. Je ne m'arrêterai pas à l'analyse détaillée des différentes considérations dont Tolstoï entoure ses affirmations fondamentales. Cela ne présente qu'un intérêt purement extérieur et littéraire. Ce qui nous intéresse ici, ce n'est pas ce dont Tolstoï parle à ses disciples, mais bien comment il parle avec lui-même ; ce ne sont pas les « preuves » formelles de ses idées qui ont de l'importance pour nous, mais bien la source d'où s'est écoulée sa prédication, sa haine féroce pour les classes cultivées, pour l'art, pour la science. Nous le répétons, ce n'est ni la foi ni le christianisme qui ont amené Tolstoï à ces négations ; il ne dit pas un mot sur la foi dans toutes ses œuvres. Dieu est remplacé par le bien, et le bien par l'amour fraternel des hommes. Une telle foi, en somme n'exclut pas un athéisme absolu, une complète incrédulité, et elle conduit, inévitablement, au désir de détruire, d'étouffer, d'écraser les autres, au nom d'un principe quelconque posé comme obligatoire : et cependant ce principe est, par lui-même, plus ou moins étranger et inutile, aussi bien à celui qui le défend qu'aux autres hommes. L'amour et la compassion dont Tolstoï parle sans cesse n'existent pas, ne peuvent pas exister chez lui ; c'est ce que de nombreuses citations empruntées à ses œuvres, ont pu montrer. Non qu'il soit un « homme moins bon » que tous ceux qui aiment, qui compatissent dans la vie et dans les livres, non qu'il soit un homme « dur et sans cœur, un homme de fer », comme le disent les admirateurs de Dickens et de Tourguéniev : Tolstoï, sans nul doute, n'a pas moins d'amour pour les hommes que Dickens ou Tourguéniev ; sans nul doute, il sait réagir en présence du malheur de son prochain. Toute la différence, c'est que, pour lui, ces réactions ne sont pas, comme pour les autres, la fin, mais un commencement. Toute la différence, c'est qu'il ne lui suffit pas de réagir au besoin et de jeter une aumône au pauvre, bien qu'il parle de l'agrément de donner et qu'il érige la miséricorde en principe. Mais cela vient justement de ce qu'il ne comprend que trop combien peu on arrive à aider avec les moyens qu'il a proposés, et de ce qu'il cherche davantage, ne trouve pas et se laisse aller à la prédication ; il anéantit donc, à cause de cette prédication, Anna Karénine, Vronski, Kosnichev, toute l'« intelliguentsia », l'art, la science…

CHAPITRE VIII
[LA MORALE DE NIETZSCHE]

Nous en venons ici à la philosophie de l'antipode de Tolstoï : Nietzsche. Chez celui-ci, comme chez Tolstoï, la cause initiale du bouleversement de l'âme a été la constatation de ce grand événement que « Dieu est mort », selon l'expression que Nietzsche lui-même devait employer plus tard, ou que « Dieu, c'est le bien », comme dit à présent Tolstoï, nous assurant qu'en cela même se trouve l'essence du christianisme, qu'en cela même se résume la conscience religieuse de notre temps. Comme preuve de ce que les expressions « Dieu, c'est le bien » et « Dieu est mort » sont équivalentes et de ce que Tolstoï et Nietzsche partaient du même point de vue, nous pouvons citer les paroles suivantes de Nietzsche ; « Le meilleur moyen de bien commencer la journée est de chercher à son réveil la joie qu'on peut donner ce jour-là à un homme, au moins à un. Si cela pouvait être regardé comme un équivalent de l'habitude religieuse de la prière, notre prochain ne ferait que gagner au change »[1]. Ou encore : « Il y a trop peu d'amour et de bonté dans le monde pour en donner encore à des êtres imaginaires »[2].

Au lecteur russe, qui a toujours entendu parler de la cruauté de l'antéchrist et de l'immoralisme de Nietzsche, ces paroles dans sa bouche, peuvent sembler étranges. Toutefois, c'est en elles qu'il faut trouver l'explication de toutes ses tendances d'esprit futures. Ces deux aphorismes sont empruntés à son livre *Humain, trop humain* – à ce livre dans lequel Nietzsche s'écarte pour la première fois de la métaphysique de Schopenhauer. Désormais cette métaphysique qui avait déterminé le contenu de sa première œuvre, la *Naissance de la tragédie* – ce modèle typique d'une « causerie »[3] scientifique, pleine de talent, dans le style pessimiste – ce n'est pour lui « qu'une science qui parle des éternelles erreurs de l'homme, mais comme si elles étaient des vérités éternelles ». Ce n'est plus dans cette « science » qu'il cherche des explications. Il rejette ses théories d'interprétation esthétique de la tragédie au moment même où, selon toute apparence, elles sont le plus nécessaires, car la tragédie qui jusqu'alors se passait dans les âmes de Proméhée, d'Œdipe et d'autres héros des drames de Sophocle et d'Eschyle, se passe maintenant dans son âme même. Il comprend maintenant qu'un grand malheur ne peut être justifié par le seul fait qu'on peut le représenter avec des couleurs belles et sublimes ; l'art qui embellit la douleur humaine ne

---

1. *Humain, trop humain*, 599.
2. *Ibid.*, p. 129.
3. En français dans le texte.

lui est d'aucun service. Il cherche un autre refuge, où il espère trouver le salut – échapper aux horreurs qui le poursuivent. Il se hâte d'aller vers le « bien » qu'il est habitué à considérer comme tout-puissant, comme pouvant tout remplacer, comme étant Dieu, comme étant même au-dessus de Dieu ; il lui semble que ce sera tout gain pour les hommes si, au lieu de se tourner vers Dieu, ils réservent tout leur amour pour le prochain. Comme le lecteur peut le voir, cette idée est purement tolstoïenne. Il n'y a que cette différence : Nietzsche n'était pas encore assez expérimenté, il croyait de toute son âme au salut par le bien ; ou encore celle-ci : que toute la destinée de Nietzsche dépendait des résultats que lui apporterait cette foi.

Le lecteur se souvient que l'affreuse maladie l'avait forcé à renoncer, non seulement à tout travail, mais aussi à toute société. Toujours seul, harcelé par de cruelles attaques, il ne pouvait que réfléchir et noter ses pensées sous forme de courts aphorismes. Dans des conditions aussi exceptionnelles, la puissance du « bien » subissait une sérieuse épreuve. Peut-il, comme le disaient les philosophes, remplacer pour un homme toute la vie ? La philosophie de Nietzsche est une réponse à cette question. Les professeurs allemands, et parmi eux A. Riehl, tout en admettant que « les livres de Nietzsche ne sont pas des livres ordinaires », mais des « expériences intérieures », des « livres vécus », enlèvent pourtant aux œuvres de Nietzsche toute leur portée et leur intérêt lorsqu'ils disent qu'ils ne sont que les « expériences intérieures d'un penseur », « des pensées faisant fonction d'expériences intérieures ». Mais Nietzsche connaissait mieux la source de son œuvre. Il disait du problème fondamental, de celui qui l'occupait avant tout autre, du problème moral, que c'était sa question personnelle, à laquelle sa destinée se trouvait liée[1]. Il est clair qu'il ne s'agissait pas chez lui de « pensées faisant fonction d'expériences », bien qu'il ait été un philosophe, c'est-à-dire un homme qui sait se rendre compte de ses sentiments. Ses « expériences intérieures » ne se rattachent pas à des questions abstraites, indépendantes des intérêts des autres hommes, mais aux questions dont toute notre vie est composée. La maladie le torturait, il était condamné à l'inaction involontaire, à la solitude forcée. Ces conditions et celles qui s'ensuivent, peuvent-elles composer l'expérience intérieure d'un penseur ? Mais dans un tel cas, de quoi la vie est-elle composée ? Ce qui était arrivé à Nietzsche, arrive à des millions de personnes, souvent même sous nos yeux. Et il se peut que ceux-ci réagissent à leur malheur de la même façon que Nietzsche, mais ils se taisent : ils ne savent pas, ou bien ils n'osent pas élever la voix contre des principes institués par d'autres, par des hommes qui ne connaissent rien de leurs souffrances. Que dire de plus ? Nietzsche lui-même était si interdit au début par ce qu'il y avait d'insoluble et d'humiliant dans sa situation, qu'il ne trouva rien d'autre à dire que ceci : « Le malade n'a pas le droit d'être pessimiste ». Que celui qui a des oreilles pour entendre, entende ! Que signifie ce « n'a pas le droit » ? Qui a privé le malade de ce droit ? Jusqu'à quel point peut-on encore se résigner, s'humilier ? Tout a été retiré à l'homme, il a été condamné à de perpétuelles tortures, et il n'a même pas le droit de

1. *Le gai savoir*, 315.

se plaindre, de maudire, de protester contre cette force aveugle, qui l'exécute il ne sait pourquoi?

Et, désormais, cette conscience d'être privé de tous droits ne quitte plus Nietzsche. Le professeur Lichtenberg termine son exposé de l'activité littéraire de Nietzsche par cette remarque naïve : « ...et lorsque la folie vint mettre fin à sa vie consciente, il chantait victoire. *Ce destin n'est-il pas magnifique?* ». Ainsi qu'un « pendant » à ces mots, nous pouvons rapporter les paroles du professeur Riehl, déjà cité plus haut, qui raconte, pour la consolation du lecteur, que Nietzsche, ainsi que Rousseau, « présente par sa personnalité et par son destin un exemple de la tragédie du génie ».

Il est grandement temps de se départir de ces lieux communs, qui manifestent si indûment l'égoïsme des hommes, toujours prêts à se chauffer au feu et à envier platoniquement « la belle destinée » de Prométhée dont le vautour pendant ce temps mange le foie. C'est à Nietzsche qu'il faut s'adresser pour savoir si sa destinée a été belle. Et voilà ce qu'alors il nous dira de la « tragédie » du génie : le psychologue écoute les pensées des hommes et se tait. « Il écoute avec un visage figé comment les autres honorent, admirent, aiment et célèbrent là où lui a vu, ou bien il cache encore son mutisme en se ralliant à la première opinion venue. Il se peut que sa position paradoxale devienne encore plus horrible : il se peut que la foule, les hommes cultivés, les rêveurs, là précisément où il apprit la grande pitié en même temps que le grand mépris, apprennent de leur côté la grande vénération, la vénération pour les « grands hommes » et les animaux étranges, au nom de laquelle on bénit la patrie, la terre et la dignité humaine, au nom de laquelle on se bénit et on s'honore soi-même, vers laquelle on dirige la jeunesse, pour laquelle on l'éduque… Et qui sait si jusqu'ici, dans toutes les grandes occasions, il n'en a pas toujours été de même : *la foule adorait un dieu, – et ce dieu n'était qu'un pauvre animal de sacrifice !* »[1]. C'est ainsi que le grand « psychologue » comprend l'histoire des « grands hommes » dont la destinée paraît enviable au professeur Lichtenberg.

Plus loin Nietzsche poursuit :

> Ces grands poètes, par exemple Byron, Musset, Poe, Léopardi, Kleist, Gogol (je n'ose pas citer de plus grands noms, mais c'est à eux que je pense) tels qu'ils sont, tels que sans doute ils doivent être, des hommes d'impulsion, inspirés, sensuels, puérils, légers et prompts dans leurs confiances et dans leurs méfiances : généralement ils doivent dissimuler une fêlure dans leur âme ; souvent leurs œuvres leur servent à tirer vengeance de leur souillure cachée (*innere Besudelung*) ; souvent dans leurs envolées, ce qu'ils cherchent, c'est l'oubli de ce qu'une mémoire trop fidèle leur présente ; souvent ils sont égarés dans la boue, en étant presque amoureux, jusqu'à ce qu'ils deviennent comme des feux follets de marécage et se fassent passer pour des étoiles – et c'est alors que le peuple leur donne le nom d'idéalistes – ; souvent ils luttent contre un long dégoût, contre un fantôme d'athéisme sans cesse revenant, qui glace, qui les rend altérés de gloire, qui les fait dévorer la « foi en soi-même » aux mains de flatteurs enivrés : – quels martyrs

---

1. *Par-delà le bien et le mal*, 269.

sont ces grands artistes et, en général, tous les hommes supérieurs, pour celui qui les a une fois devinés[1].

Dans ce fragment ne sont cités que les noms de Byron, de Musset, de Gogol, etc. Nietzsche n'ose pas, à ce qu'il dit, nommer des hommes plus illustres. Mais dans un autre passage, presque aussi terrible, si ce n'est plus, des doutes sont émis au sujet de Shakespeare. Le lecteur se souvient de la scène de « Jules César » où le poète fait irruption dans la tente des chefs en querelle – Cassius et Brutus – afin de les réconcilier. Nietzsche dit à propos de cette scène :

> Devant le caractère et la vertu de Brutus, Shakespeare se prosterna face contre terre, et se sentit lui-même indigne et lointain ; il en a laissé le témoignage écrit dans sa tragédie. Deux fois, il y a introduit un poète, et deux fois, il l'a accablé d'un mépris d'homme hors de soi, du dernier mépris, d'un mépris tel qu'il résonne comme le cri du mépris de soi. Brutus, Brutus lui-même, perd patience lorsque le poète apparaît présomptueux, pathétique, importun, comme le sont d'ordinaire les poètes, *tel qu'un être gonflé de possibilités de grandeur, même de grandeur morale, et qui, toutefois, dans la philosophie de l'action et de la vie, s'élève rarement de lui-même jusqu'à la simple honnêteté.* « S'il connaît le temps, je connais ses lubies, – chassez le pantin ! » – s'écrie Brutus. *Que l'on transpose ceci dans l'âme du poète qui l'a conçu[2].*

Voilà quelles impulsions à la création Nietzsche découvrait chez les grands poètes. En ce moment,

1. *Ibid.*, 129.
2. *Ainsi parlait Zarathoustra*, « Des poètes ».

ce n'est pas la justesse de ses conjectures qui nous intéresse. Il nous importe beaucoup plus de fixer les causes par lesquelles il s'y trouva conduit. Il n'y a rien dans son œuvre qui réponde directement à cette question. Lorsque, une fois, l'un des disciples de Zarathoustra lui demanda des explications sur ses paroles, il reçut cette réponse : « Je ne suis pas de ceux qu'on a le droit de questionner sur leur "pourquoi". Ce que j'ai vécu serait-il donc d'hier ? »[1]. C'est là un des mérites de la philosophie de Nietzsche. La plupart des différents « parce que » dont les écrivains entourent d'habitude leurs affirmations, sont des arguments *ex post facto*. La conviction a mûri depuis longtemps, il ne reste plus qu'à forcer les hommes à l'accepter : et tous les arguments sont regardés comme bons, pourvu qu'ils atteignent leur but, c'est-à-dire qu'ils présentent un jugement légitime et correct du point de vue de la logique. Nietzsche lui-même se met parfois à « fonder » ses opinions en se référant à l'histoire de la philosophie, etc.; alors ses raisonnements perdent en intérêt et en portée ce qu'ils gagnent en prestige extérieur. Ses « connaissances » sont issues de son expérience intérieure, de cette expérience terrible qui amène à la conviction qu'un malade n'a pas le droit d'être pessimiste, que les grands écrivains vengent leur *innere Besudelung*[2], que là où tous vénèrent un dieu, il n'y a, au demeurant, qu'un « pauvre animal de sacrifice ».

De tels ou de semblables « parce que », en réponse à de curieux « pourquoi », ne s'expriment jamais sous une

---

1. *Le Gai Savoir*, 98.
2. Souillure intérieure.

forme directe, il est impossible qu'ils soient exprimés ainsi. Ils se manifestent seulement par une perspicacité psychologique singulière en ce qui concerne les autres. Et si Nietzsche affirme qu'il faut transporter dans l'âme de Shakespeare les mots que Brutus adresse au poète, à coup sûr, nous pouvons considérer ses propres intrusions dans les secrets des grands hommes comme des aveux involontaires; il nous devient possible ainsi de découvrir ces expériences intérieures qu'il ne voulait pas confier à son disciple, prétextant leur date ancienne et sa mauvaise mémoire : « Si j'ai quelque avantage sur les autres psychologues, c'est que mon regard est plus perçant pour les déductions les plus difficiles et les plus risquées, dans lesquelles on a fait la plupart des fautes – la déduction de l'œuvre au créateur, de l'action à l'agent, de l'idéal à celui qui en a besoin, de toute pensée et de toute évaluation à la nécessité cachée qui les commande »[1]. Et il dit ici la vérité sur lui-même. Il apprit à distinguer là où les autres ne voyaient rien. Mais d'où cet homme, qui vivait à l'abri de « sept isolements », a-t-il tiré une perspicacité aussi singulière ? Évidemment l'origine en était unique : il trouvait chez les autres ce qu'il voyait en lui. « Ce qu'un penseur profond redoute le plus, dit Nietzsche, c'est bien plutôt d'être compris que d'être mal compris. Son amour-propre souffre peut-être dans ce dernier cas, mais dans le premier son cœur et sa sympathie, qui ne cessent de s'écrier : "Mais pourquoi veulent-ils que leur vie devienne aussi lourde à supporter

---

1. *Le cas Wagner, Nietzsche contre Wagner* : « Nous autres antipodes ».

que la mienne ? » [1]. Jusqu'à un certain point, ces paroles peuvent suggérer au lecteur le sens du passage suivant de Nietzsche :

> Et pour ce qui est de ma longue maladie, ne lui suis-je pas infiniment plus redevable qu'à la santé ? Je lui dois une santé supérieure, et telle que tout ce qu'elle ne supprime pas la rend plus forte ! Je lui dois également ma philosophie… En premier lieu la grande douleur est le dernier libérateur de l'esprit, le professeur de la grande méfiance, qui fait un X de tout U, un authentique et véritable X, c'est-à-dire l'avant-dernière lettre avant la dernière… En premier lieu la grande douleur, cette longue et lente douleur, qui nous consume comme un feu de bois vert, qui prend son temps, nous oblige, nous autres philosophes, à descendre jusque dans notre dernière profondeur, à nous débarrasser de notre bonne confiance, de notre bon caractère, de nos aveuglements volontaires, de notre douceur, de notre modération, tout ce en quoi peut-être, auparavant, nous avions placé notre humanité [2].

Ces aveux volontaires, ou involontaires, nous montrent avec quel besoin Nietzsche était venu vers « le bien », et ce qu'il attendait de la morale lorsqu'il affirmait que le problème qu'elle pose était sa question personnelle, que sa destinée s'y trouvait liée. Nous le répétons : ce n'était peut-être pas la première fois que la morale avait affaire à des hommes placés dans des conditions où Nietzsche s'est trouvé placé. Et peut-être un grand nombre d'hommes auraient-ils pu répéter à la suite de Nietzsche « Je doute qu'une *telle* souffrance

---

1. *Par-delà le bien et le mal*, 290.
2. *Le Gai Savoir*, avant-propos de la seconde édition, 3.

rende l'homme "meilleur" – mais je sais qu'elle le rend plus profond. »[1]. Toutefois, pour une *telle* expérience – son expérience – avant Nietzsche, personne n'osait vérifier ouvertement les droits du bien, droits souverains, reconnus universellement. Si Nietzsche dit que « le malade n'a pas le droit d'être pessimiste », d'autres avant lui estimaient qu'un homme n'a pas le droit d'émettre des prétentions contre la morale quand elle ne remplit pas ses espérances, qu'on doit en attribuer la faute, non à la morale, mais à lui-même. C'est ce qui deviendra plus clair dans la suite, lorsque nous prendrons connaissance avec plus de détails des causes qui amenèrent Nietzsche à se départir de ses idées de jeunesse ; pour le moment, nous devons souligner une fois de plus une circonstance des plus importantes.

Jusqu'à la fin de sa vie, Nietzsche est resté dans toute la force du mot, dans son sens le plus courant, un vertueux. Il n'était pas capable de faire du mal à un enfant, il était chaste comme une jeune fille, et pour tout ce qui est considéré par les hommes comme devoir, comme obligation, il apportait une attention exagérée et méticuleuse. Nous avons déjà cité ces deux aphorismes : « Quel est celui qui n'a jamais sacrifié son moi pour son bon renom », et : « C'est pour nos vertus que nous sommes punis le plus durement »[2]. Il y a pour nous, dans ces paroles, un témoignage inestimable ; ce témoignage est plus important que les gros livres de biographie où des hommes sincères s'exténuent à représenter Nietzsche comme un grand homme ordinaire, c'est-à-dire tel qu'il

---

1. *Ibid.*
2. *Par-delà le bien et le mal*, 92, et 132.

convient qu'un grand homme soit, conformément à l'image traditionnelle de ce qui constitue essentiellement le génie. Et ici, il peut être intéressant pour nous, qui cherchons des points de contact entre l'antéchrist allemand et le chrétien russe, de nous souvenir d'un aveu correspondant de Tolstoï. Tolstoï ne payait jamais pour ses vertus. Mais il payait pour ses défauts, et même très cher. Voici, d'ailleurs, ses propres paroles : « Dans ma vie, qui a été particulièrement heureuse au point de vue du monde, je pourrais rassembler tant de souffrances subies par moi au nom des enseignements du monde qu'elles pourraient suffire à un bon martyr du Christ. Tous les moments les plus pénibles de ma vie, à commencer par mon ivrognerie et mes débauches d'étudiant, jusqu'aux duels et à la guerre, jusqu'à la maladie et aux conditions contre nature dans lesquelles je vis aujourd'hui – tout cela est un martyre au nom du monde. ».

Si l'on fait abstraction de la façon dont il regarde aujourd'hui son passé, il est clair que Tolstoï péchait autrefois très volontiers et souvent, et il ne peut citer une époque de sa vie qui ait complètement été consacrée au service de la vertu (les dernières années, évidemment, ne comptent pas). De toute sa vie de pécheur, il tire une conclusion diamétralement opposée à celle de Nietzsche : « Que chaque homme sincère se souvienne à fond de toute sa vie et il verra qu'il n'a pas souffert une seule fois pour avoir accompli l'enseignement du Christ. ». Une question se pose toutefois : Tolstoï peut-il être juge de la portée que la vertu a pour les hommes, alors qu'il est lui-même un si grand pécheur ? Il est clair que, sous ce rapport, « l'immoral » Nietzsche, ainsi que

Tolstoï l'a nommé, est beaucoup plus qualifié : Nietzsche n'avait connu ni l'ivrognerie, ni la débauche, ni le duel, ni tout le reste, tout ce qui remplit la vie de Tolstoï. Il servait le « bien ». Et le bien lui avait joué un mauvais tour. Tant qu'il fut jeune robuste, bien portant, tant qu'il put se passer des consolations du bien, c'est-à-dire tant qu'il eut à sa disposition tout ce dont jouissent et dont vivent habituellement les hommes, le bien le comblait de ses dons. Mais lorsque tout lui fut enlevé, lorsqu'il resta seul – le bien, comme un ami infidèle, l'abandonna. Il n'avait pas trente ans lorsqu'il subit cette affreuse métamorphose qui s'appelle la maladie. Presque en un moment – de même que le musulman de Pouchkine qui avait murmuré contre Dieu – Nietzsche, s'étant endormi jeune homme, se réveilla vieillard et brisé – avec la conscience terrifiante que la vie avait passé – que jamais plus elle ne reviendrait. Et cependant la mort se fait attendre – il faut vivre, aux sons affreux de la chanson de Faust : « *Entbehren sollst du, sollst entbehren !* ». Avec quelle supplication il s'est adressé au bien – le seul Dieu qu'il pouvait prier ! Il n'avait pas d'autre Dieu, il n'osait pas même songer à un autre Dieu, pour la même raison qu'il n'osait pas être pessimiste : car ce Dieu, psychologiquement parlant, aurait été un Dieu imaginé *ad hoc*, en guise de soulagement et de consolation, de même que le pessimisme qui, chez un malade, n'est pas le résultat d'une contemplation objective, mais bien d'un malheur personnel.

CHAPITRE IX
[L'ATHÉISME DE NIETZSCHE]

Mais Nietzsche a-t-il cherché Dieu ? Ses attaques passionnées contre le christianisme en témoignent suffisamment. De nos jours, aux yeux d'un homme cultivé, elles semblent un parfait anachronisme. Tolstoï sait cela mieux que tout autre. D'autant plus que, pour Nietzsche, ces attaques ne sont pas provoquées, comme pour d'autres écrivains – Voltaire, Heine jeune, par exemple – par des raisons absolument étrangères à la religion, par des raisons purement politiques. C'est même exactement le contraire : tous les espoirs démocratiques, dont se nourrissent généralement les ennemis des religions d'État, sont étrangers à Nietzsche. Et plus encore – Nietzsche accuse le christianisme du grand essor qu'ont pris actuellement les idées égalitaires, et il en parle souvent, longuement, selon toute apparence, avec passion, alors qu'il restait, au fond, indifférent jusqu'à la naïveté aux questions sociales. Le christianisme l'intéressait comme religion, tel qu'une doctrine, qui devait trancher ses doutes, qui devait le libérer du dégoût de la vie, dégoût dont il était continuellement obsédé bien qu'il affirme avec tant de conviction que « le malade n'a pas le droit d'être pessimiste ».

Dans l'histoire des temps modernes, Nietzsche est le premier et peut-être le seul philosophe hostile au christianisme en tant que religion ; et, ce qui est encore plus important, un des rares penseurs qui se soient décidés à rejeter la consolation de l'Évangile – et cela, alors que rien au monde ne lui était aussi nécessaire. Jusqu'ici, on disait ordinairement que l'homme est « obligé » de croire, est « obligé » d'être religieux. Il est nécessaire à propos de Nietzsche de modifier cette expression. Il faut dire « L'homme a le *droit* de croire, il a le *droit* d'être religieux ». L'histoire de l'athéisme de Nietzsche est l'histoire de la recherche de ce droit. S'il ne l'a pas trouvé, ce n'est évidemment pas par sa « faute ». Il ne peut être question de la « volonté mauvaise » qu'on attribue si volontiers aux incroyants et que Tolstoï impute si souvent aux intellectuels de notre temps. Nietzsche, au contraire, a employé toutes les forces de son âme à trouver la foi. S'il ne l'a pas trouvée, c'est que les conditions sont telles que *lui* ne pouvait pas la trouver. La psychologie de Tolstoï n'admet pour l'incrédulité qu'une seule cause : le mauvais vouloir, le refus de prendre sur soi les obligations imposées par le christianisme. Selon toute évidence, cette explication ne peut être appliquée à Nietzsche. Pour lui et pour tous ceux qui sont dans un cas semblable, le christianisme n'a pas préparé d'obligation : aux offensés, aux malheureux, aux malades, tous les droits sont donnés. Et Nietzsche ne le comprenait que trop bien. De tout temps, même à l'époque du paganisme, dit-il, les hommes sacrifiaient à

Dieu tout ce qu'ils avaient de plus précieux. Que nous reste-t-il à apporter en sacrifice à notre Dieu, demande Nietzsche ? Et voici la réponse :

> Ne doit-on pas enfin sacrifier tout ce qui est consolant et saint, tout ce qui guérit, toute espérance, toute fois dans une harmonie dissimulée, toute foi dans la béatitude et dans la justice à venir ? Ne doit-on pas *sacrifier Dieu* lui-même, et, cruel envers soi, adorer la pierre, l'ineptie, la lourdeur, le destin, le néant ? Sacrifier Dieu pour le néant – ce mystère paradoxal de la suprême cruauté a été réservé à cette génération, nous en savons tous quelque chose[1].

Tel était l'athéisme de Nietzsche : ce n'était pas un devoir négligé, mais un droit perdu. « La libre pensée de ces messieurs les scientifiques et les physiologistes n'est qu'une plaisanterie à mes yeux ; il leur manque la passion que j'apporte à ces choses, la souffrance que je ressens »[2], ainsi s'est-il exprimé dans sa dernière œuvre : *L'Antéchrist*.

L'indifférence ordinaire des gens instruits à l'égard de la religion, Nietzsche la connaissait très bien et savait l'apprécier : il se souvenait de ce qu'il avait été luimême dans sa jeunesse ; à cette époque, Schopenhauer et Wagner étaient tout pour lui ; à cette époque, au grondement des canons qui accompagnaient l'affreuse tragédie de 1870, dans un coin écarté des Alpes, il expliquait avec tant d'érudition et de gentillesse la « Naissance de la tragédie ». Voici les souvenirs qu'il a gardés de ce temps. Comme d'habitude, il ne parle

---

1. *Par-delà le bien et le mal*, 55.
2. *L'Antéchrist*, 8.

pas de lui-même, mais des autres – des Allemands, des érudits en général. D'ailleurs, nous connaissons déjà ses sources. « Parmi ceux qui de nos jours vivent en Allemagne à l'écart de la religion, je trouve des gens dont la « Libre pensée » ressort de catégories et d'origines de toutes sortes, mais en majorité une quantité de personnes à qui, de génération en génération, l'application au travail a fait perdre tous les instincts de la religion ; c'est au point qu'ils ne savent guère plus à quoi peuvent bien servir les religions, au point qu'ils ont l'air d'enregistrer avec une sorte d'étonnement stupide leur existence dans le monde. Ils se trouvent déjà bien assez occupés, ces braves gens, avec leurs affaires ou leurs plaisirs, sans parler du « *Vaterland* », des journaux et des « obligations de famille ». Il leur paraît qu'ils n'ont pas de temps de reste pour la religion, d'autant plus qu'ils ne voient pas très bien s'il s'agit d'une nouvelle affaire ou d'un nouveau plaisir – car il est impossible, disent-ils, qu'on aille à l'église uniquement pour gâter sa bonne humeur. ». Et plus loin : « Il est rare que les gens pieux, ou simplement croyants, puissent se rendre compte de ce qu'il faut à un savant allemand de bonne volonté, on pourrait dire de volonté délibérée, afin de prendre le problème de la religion au sérieux ; pour tout son métier, il incline à une hilarité réfléchie, presque bienveillante à l'égard de la religion. Il s'y mêle parfois un léger dédain qui se manifeste contre la "malpropreté" d'esprit qu'il suppose partout où l'on reconnaît encore une église ». Ceci appartient en propre au passé de Nietzsche, car il y est question des autres, des Allemands en général, des érudits. Mais voici la conclusion empruntée, cette fois, à sa nouvelle expérience :

> Toute époque possède en propre son aspect divin de la naïveté, aspect dont la découverte pourrait lui être enviée par d'autres âges. Et combien de naïveté, naïveté vénérable et puérile, naïveté dont la gaucherie est sans limites – combien de naïveté n'y a-t-il pas dans la prétention de supériorité du savant, dans cette bonne conscience qu'il a de sa tolérance, dans cette sécurité sans nuage et sans troubles avec lequel son instinct traite l'homme religieux ? Et il le traite comme un type dévalorisé et inférieur, au-dessus duquel lui-même s'est élevé depuis longtemps – lui, ce nabot arrogant, cet issu de rien, cet ouvrier acharné, intellectuel et manuel, des « idées », des « idées modernes »[1].

Les livres de Nietzsche sont saturés de telles pensées ou de pensées analogues. Autrefois, sa pensée avait été si complètement prise par le pessimisme théorique, par des recherches philologiques et par l'art, qu'elle n'avait pas même le temps de jeter un regard du côté où on parlait de religion : et par là même, elle avait adopté cette attitude, si commune chez les savants, pleine de bienveillance et de mépris pour les questions touchant à Dieu. Et maintenant, sa pensée semble s'être exclusivement concentrée sur ce qu'autrefois il n'avait pas estimé digne d'attention. « Dieu n'existe pas, Dieu est mort » – cette nouvelle qu'il avait apprise autrefois si tranquillement, sans la vérifier, par une tierce personne, évoque maintenant en lui une horreur mystique. Voici les paroles dont il se sert maintenant pour l'annoncer :

---

1. *Par-delà le bien et le mal*, 58.

N'avez-vous pas entendu parler de ce fou qui allumait
une lanterne en plein midi, puis se mettait à courir
sur la grande place en criant sans trêve : « Je cherche
Dieu ! Je cherche Dieu ! ». Comme beaucoup de gens
qui s'étaient assemblés là étaient de ceux qui ne croient
pas en Dieu, il provoqua un grand éclat de rire. L'aurait-
on égaré ? disait l'un. Est-ce qu'il s'est perdu comme
un enfant ? disait l'autre. Ou bien s'est-il caché ? Lui
aurions-nous fait peur ? A-t-il pris le bateau ? Aurait-
il émigré ? Ainsi s'écriaient-ils, ainsi riaient-ils entre
eux. Le fou sauta au milieu d'eux et les perça de ses
regards : « Où est allé Dieu, cria-t-il, je vais vous le
dire : Nous l'avons tué – vous et moi ! Nous tous, nous
sommes ses meurtriers ! Mais comment avons-nous
fait cela ? Comment avons-nous pu épuiser la mer ? Qui
nous a donné l'éponge pour effacer l'horizon entier ?
Qu'avons-nous fait quand nous avons déchaîné cette
terre de son soleil ? Où donc se dirige-t-elle à présent ?
Où nous dirigeons-nous ? Loin de tous les soleils ? Est-
ce que nous ne tombons pas sans cesse ? En arrière, de
côté, en avant, de tous les côtés ? Y a-t-il encore le haut
et le bas ? Ne sommes-nous pas portés au hasard dans
un néant sans fin ? Est-ce que nous ne sommes pas dans
le souffle de l'espace vide ? Ne fait-il pas de plus en plus
froid ? La nuit ne vient-elle pas sans cesse et de plus en
plus la nuit ? Ne faut-il pas allumer des lanternes en
plein midi ? N'entendons-nous encore rien du vacarme
des fossoyeurs qui enterrent Dieu ? Ne sentons-nous
encore rien de la putréfaction divine ? – Car les Dieux
aussi pourrissent ! Dieu est mort ! Dieu est resté mort !
Et nous l'avons tué ! Comment nous consoler, nous les
meurtriers des meurtriers ? Ce que le monde possédait
jusqu'à aujourd'hui de plus saint, de plus puissant, a
saigné sous nos couteaux ; qui nous lavera de ce sang ?
Dans quelle eau pourrions-nous être purifiés ? Quelles

fêtes expiatoires, quels jeux sacrés ne devrons-nous pas inventer ? La grandeur de cette action n'est-elle pas trop grande pour nous ? Ne sommes-nous pas tenus de devenir nous-mêmes des dieux afin d'en paraître dignes ? Il n'y eut jamais une plus grande action et ceux qui naîtront après nous appartiendront à cause de cette action à une histoire plus haute qu'aucune ne le fut jamais jusqu'à nous ». Ici le dément se tut et regarda de nouveau ceux qui l'écoutaient : ceux-ci le dévisageaient avec étonnement. À la fin, il jeta sa lanterne sur le sol en sorte qu'elle se brisa en morceaux et s'éteignit. « Il est encore trop tôt pour moi, dit-il ; mon temps n'est pas encore venu. Cet événement prodigieux est encore sur la route où il chemine – il n'est pas encore parvenu aux oreilles des hommes. L'éclair et la foudre ont besoin de temps, la lumière des étoiles a besoin de temps, les actions ont besoin de temps, même après qu'elles sont accomplies, afin d'être vues et entendues. Cette action est encore plus loin d'eux que l'étoile la plus éloignée – et pourtant ils l'ont accomplie »[1].

C'est ainsi que Nietzsche parle de la portée de son athéisme. Il faut croire que toutes les comparaisons qui lui venaient à l'esprit lui paraissaient insuffisantes, pour transmettre aux hommes l'affreux sentiment de ravage qu'il éprouva lorsqu'il « vit et entendit » que Dieu avait été tué – lui qui affirmait autrefois que les hommes n'avaient pas assez d'amour pour le donner à des créatures fantastiques.

Mais il est clair qu'il avait assez d'amour, beaucoup et même trop d'amour, et qu'il ne comprenait que trop bien ce que Dieu aurait pu être pour lui s'il lui avait

1. *Le Gai Savoir*, 125.

été donné de croire; il est clair qu'aucune influence étrangère n'était nécessaire pour ramener Nietzsche à la foi. Et pourtant, il ne crut pas, et il sacrifia tous les espoirs qu'il avait d'une harmonie cachée, d'un bonheur et d'une justice dans l'avenir. La « conscience religieuse de notre temps », que Tolstoï croit pouvoir rendre obligatoire pour tous, se refusa de remplir son service pour celui qui l'aurait accueilli comme une Bonne Nouvelle ? Apparemment, il ne dépend pas de la *volonté* de l'homme de croire ou de ne pas croire, et l'affirmation fondamentale de Tolstoï, en vertu de laquelle l'homme n'a qu'à vouloir pour trouver dans sa vie un soutien moral, d'axiome se change en théorème, ou – pour être franc – en une vérité qui ne peut être prouvée par aucun fait.

Et en même temps, il devient manifeste que l'entreprise qu'avait assumée Tolstoï n'a pas été exécutée par lui, qu'il s'est débarrassé de l'obligation d'amener les hommes à la religion et qu'en revanche il s'est emparé du droit de les foudroyer pour leur incrédulité. Et je dirais encore une fois ce que j'ai déjà dit auparavant. Tolstoï a agi ainsi, non parce qu'il ne s'était pas rendu compte de ce qu'on pouvait attendre de lui, mais parce qu'il ne pouvait, tant pour lui-même que pour les autres, accomplir cette grande entreprise. Là où Nietzsche ne croit pas, Tolstoï ne croit pas non plus. Mais Nietzsche ne s'en cache nullement (il cache autre chose), tandis que Tolstoï estime qu'il est possible de ne pas parler à ses disciples du vide, de ce vide du cœur au-dessus duquel il a élevé l'édifice si brillant de sa prédication.

Qui a raison, Nietzsche ou Tolstoï ? Que vaut-il mieux ? Cacher ses doutes, s'adresser aux hommes avec des enseignements, dans l'espoir que cela peut leur suffire, que les questions qui obsédaient le maître ne se feront jamais jour chez eux – ou bien faut-il parler ouvertement ? Et si les questions allaient se poser d'elles-mêmes aux disciples ? Les disciples, évidemment, n'oseront pas parler là où le maître se taisait ! Quelle étrange société d'hypocrites aux paroles claires et aux têtes embrumées en résultera ! Ce mensonge honnête, quoique bon, ne se vengera-t-il pas jusqu'à la septième génération ? Les hommes auraient-ils besoin de martyrs d'une foi feinte ? Il y eut une époque où l'on amenait les hommes à la religion – même au christianisme – par le fer et par le feu. Il n'en va plus de même aujourd'hui. Nous voulons qu'on croie comme avaient cru les premiers chrétiens, lorsqu'on employait la torture pour leur faire renier le Christ, lorsque la science, l'art, l'autorité exercée par la société – tout s'élevait contre la nouvelle doctrine. Seule une foi de cette nature peut être appréciée par nous. Et si Nietzsche, qui justement était dans ce cas, ne pouvait pas croire, nous ne pouvons pas y trouver un prétexte à des prédications foudroyantes.

Au contraire, ici, il faut se taire, il faut écouter, afin d'arriver à comprendre pour quelle raison le chemin vers la foi – relativement facile et accessible autrefois – en tout cas possible – se trouve aujourd'hui fermé pour ceux qui en ont le plus grand besoin, pour ceux qui le cherchent avec une ferveur si grande. En de tels cas, celui-là seul peut foudroyer et anéantir qui doit étouffer en lui-même la voix du doute. Mais, est-ce donc si nécessaire ?

Pour Tolstoï, non. Il sait lui-même ce qui vaut mieux pour lui, – mais pour ses lecteurs, pour ces centaines, ces milliers de Nietzsche qui, subissant le même sort que lui, ne trouvent pas le courage de parler leur propre langue, pour ceux qui, dociles extérieurement, mais l'horreur dans l'âme, répètent les paroles inaccessibles pour eux d'une prédication étrangère? C'est ce qui s'appelle la résignation; et cela aussi est exigé des hommes, comme leur devoir, en vertu de différentes choses qui portent de beaux noms. Mais cela est-il juste? Au fond, cette exigence n'a qu'une raison d'être : fermer la bouche aux malheureux, aux malchanceux, pour que tous les autres puissent vivre en toute tranquillité provisoirement. Mais ce n'est pas seulement injuste, c'est impossible. Tolstoï, dans son essai de limitation, dans le domaine de l'art, de ce qui est permis ou non, lorsqu'il introduisait des définitions nouvelles de ce qu'on doit y considérer comme bon ou mauvais, devait évidemment échouer. Les hommes parleront toujours de ce qui emplit leur âme, et aucune poétique, qu'elle soit de Tolstoï ou d'Aristote, ne pourra refouler les souffrances accumulées.

Mais ce n'est pas cette question purement pratique qui nous intéresse ici. Pour nous, le fait que Tolstoï a tourné le dos à son problème personnel, le fait aussi qu'il a fermé les yeux à la question qui l'obsède, nous paraît infiniment plus sérieux et plus important. Il sait ce que chercher la foi sans la trouver veut dire. Son Lévine, jeune, bien portant, père de famille heureux, était prêt à se tuer, simplement parce qu'il ne pouvait trouver Dieu. Tolstoï a-t-il le droit d'exiger que nous ne mettions pas en doute la bonne foi et la sincérité de ses paroles quand

il affirme que le « bien », que « l'amour fraternel »,
c'est Dieu ? A-t-il le droit de penser que l'indignation,
qu'il montre à l'égard des « incroyants », ou la recette
de travail physique qu'il nous propose comme panacée
universelle, puissent nous sembler autre chose qu'une
ruse habile, peut-être malhabile, pour se jouer de ses
propres doutes ?

CHAPITRE X
[LE RENIEMENT DE NIETZSCHE]

Entre autres, ces moyens ne peuvent même pas prétendre à la nouveauté. On sait depuis longtemps que le travail – n'importe quel travail et pas seulement le travail physique – nous distrait des réflexions. Il y a plus longtemps encore que la conviction s'est formée qu'il est possible de refouler par l'indignation n'importe quelle tendance de l'âme humaine. Et ce n'est pas seulement de notre temps, contre Nietzsche, qu'on s'indigne : il y a des dizaines d'années, des hommes de différentes catégories se sont ainsi indignés contre Heine, à cause de son athéisme. Et si du moins on ne s'attaquait de cette façon qu'aux poésies de jeunesse de Heine, dans lesquelles on peut encore voir la légèreté d'un homme qui ne sait pas « pourquoi existe, au fond, la religion ». Mais, surtout chez les Allemands, on ne veut pas pardonner à Heine ses dernières œuvres, les œuvres de la *Matratzengrouft*. Pour tous, il est clair que l'incrédulité ne provient pas d'une volonté mauvaise, quand il s'agit d'un homme paralysé, cloué au lit, n'ayant aucun espoir de guérison. Pour un tel homme, la foi est ce dont il a le plus besoin au monde ; les « tentations » ordinaires qui conduisent à l'athéisme ne peuvent exister pour lui. Si, jusqu'à la dernière minute, nous constatons chez Heine des flux et des reflux de la foi, s'il se résigne et proteste tour à tour, s'il s'attendrit parfois, si parfois il raille, en tout cela nous ne pouvons pas trouver de raison de nous indigner ; nous le pouvons d'ailleurs d'autant moins que nous croyons nous-même plus fermement connaître la vérité.

Tout au contraire : d'un point de vue élevé et véritablement religieux, l'état d'âme de Heine est particulièrement précieux, surtout dans les moments où il profère ses sarcasmes les plus blasphématoires. L'épilogue du « Romancero », qui, en Allemagne, indigne si fortement les historiens de la littérature, nous est cher par sa complète franchise, et c'est là au fond le premier devoir, le devoir indispensable de l'homme envers Dieu. Voici ce que dit Heine : « *Wenn nun man einen Gott begehrt, der zu helfen vermag* – und das ist doch die Hauptsache – *so muss man auch seine Persoenlichkeit, seine Ausserveltlichkeit und seine heiligen Attribute, die Allguete die Allweisheit, die Allgerechtigkeit, u.s.w. annehmen* »[1].

Conformément au principe que Tolstoï soutient à haute voix, de telles paroles – même de telles pensées – sont inadmissibles. C'est là ce qu'il faut taire à tout prix.

---

1. Si on désire un Dieu qui puisse venir en aide – *et c'est là le principal* – il faut aussi accepter sa personnalité, son existence en dehors du monde et ses saints attributs : la parfaite bonté, la parfaite sagesse, la parfaite justice, etc.

Or, Heine répétait cela, à la veille de sa mort, en vers et en prose. Réfléchissant à la vie future, il écrivait :

> *Auf Wolken sitzen, Palmen singen*
> *Waer' auch nicht just mein Zeitvertreib*[1]

Et voici encore des paroles qui lui échappent au milieu des tortures continuelles causées par sa maladie, alors que la mort était son espoir unique :

> *O Gott, verkürze mein Qual,*
> *Damit man mich bald begrabe ;*
> *Du weisst ja, dass ich kein Talent*
> *Zum Martyrtume habe.*
> *Ob deiner Inkonsequenz, o Gott,*
> *Erlaube, dass ich staune,*
> *Du schufest den froelichsten Dichter, und raubst*
> *Ihm jetzst seine gute Laune.*
> *Der Schmerz verdumpft den heitern Sinn*
> *Und macht mich melancholisch.*
> *Nimmt nicht der traurige Spass ein End',*
> *So werd'ich dann die Ohren voll*
> *Wie andre gute Christen –*
> *O Miserere ! Verloren geht*
> *Der beste der Humoristen*[2]

---

1. M'asseoir sur des nuages, chanter des psaumes, évidemment, ce ne serait pas le passe-temps de mes rêves.

2. Ô Dieu ! raccourcis mes souffrances afin que l'on m'enterre bientôt ; tu sais bien que je n'ai pas de talent pour le martyre. Permets, ô Dieu ! que je m'étonne de ton inconséquence : tu as créé le plus gai des poètes et, à présent, tu viens lui voler sa bonne humeur. La douleur rend sombre l'esprit de la gaieté et elle me rend mélancolique. Si la triste plaisanterie ne prend pas fin, je me ferai catholique à la fin. Alors je te hurlerai à satiété, aux oreilles, tout comme les autres bons chrétiens : « *O miserere !* le meilleur des humoristes va disparaître. ».

Si j'ai cité ces courts fragments empruntés à la prose ou à la poésie de la dernière période de Heine, c'est uniquement pour illustrer le caractère de la conscience religieuse de notre temps. Tolstoï, comme il sied au prédicateur, représente cette conscience à l'aide de mots absolus, comme si c'était une chose qui peut être acceptée ou rejetée selon le désir de chacun. Mais comme cela devient manifeste dans les aveux de Heine et de Nietzsche, le désir n'est pour rien ici.

Zarathoustra dit à ses disciples : « Vous ne vous étiez pas encore cherchés et vous m'avez trouvé. Ainsi font tous les croyants ; c'est pourquoi il n'y a pas grand cas à faire de toutes les croyances. Aujourd'hui, je vous ordonne de me perdre et de vous trouver. Et lorsque vous m'aurez renié – alors seulement je reviendrai vers vous »[1]. Le reniement est, pour Nietzsche, le seul et l'inévitable moyen d'acquérir à nouveau une doctrine et un maître. Et dans ce reniement est la source d'une poésie nouvelle, d'un art nouveau. C'est là qu'a pris naissance cette *Divine comédie* que Tolstoï ne croyait pas pouvoir insérer dans la courte liste des œuvres permises aux lecteurs. Dante se perdit à mi-chemin de sa vie, dans une sombre forêt ; il en cherchait l'issue. Il a été derrière cette horrible porte dont la seule inscription glace ceux qui l'ont lue dans sa langue : « *Lasciate ogni speranza voi ch'entrate* ». On peut dire de Shakespeare ce que nous avons dit de Dante. Sa meilleure poésie, à lui aussi (celle de la deuxième période), a eu pour cause l'obligation où il se vit de renier une doctrine afin de la reconquérir à nouveau par ses propres forces. Dans

---

1. *Ainsi parlait Zarathoustra*, « De la vertu qui donne ».

les paroles de Zarathoustra citées plus haut, un stade de développement se trouve formulé qui est devenu, pour l'homme moderne, inévitable. Il ne nous est plus donné de trouver sans avoir cherché. *Il nous est demandé plus.* Et nous devons renier, comme avait renié Tolstoï en son temps, comme aujourd'hui encore il renie. Nous devons comprendre toute l'horreur de la situation dont Nietzsche parle avec des mots de dément, qui se dissimule dans l'humour de Heine, que Dante a éprouvée après avoir passé sa porte, qui a donné naissance aux tragédies de Shakespeare, aux romans et à la prédication de Tolstoï. À des époques écoulées et lointaines, peu nombreux étaient ceux qui avaient connaissance de ces énigmes fatales de la vie. Les autres recevaient la foi gratuitement. Les temps sont, aujourd'hui, changés. Et la conscience religieuse se procure par d'autres voies. Là où suffisaient autrefois la prédication, les menaces, l'autorité morale, il est demandé plus aujourd'hui. Non par tous évidemment ; la majorité, même parmi les hommes instruits, « observe avec un étonnement hébété l'existence des religions ».

C'est pourquoi l'art qui veut satisfaire aux exigences supérieures de l'âme ne peut être accessible à tous. Les uns se délectent à la *Conscience empoisonnée* ou au *Brigand Tchourkine*[1] et des œuvres de cet ordre les satisfont, pendant que d'autres s'adressent à Dante, à Goethe, à Shakespeare, aux tragiques grecs, y cherchant la solution des problèmes qui les tourmentent. Tolstoï dit que « l'art des classes supérieures s'est séparé de l'art du peuple tout entier ; deux arts se sont constitués : l'art populaire et celui des gens cultivés ». Pas du tout – cette

---

1. Récits très lus au temps de Tolstoï (N. d. t.).

division repose sur des signes purement extérieurs et de peu d'importance. Il y a bien des œuvres dans les limites de l'art des gens cultivés qui seraient accessibles au premier paysan venu, s'il n'y avait la langue et le milieu où se passe l'action.

Et *Macbeth*, *Le roi Lear*, *Promethée* paraissent ennuyeux à bien des hommes cultivés, qui ne vont aux représentations des pièces « classiques » qu'en raison de leur portée pédagogique ou de quelque chose du même genre. En réalité, celui qui admire la « conscience empoisonnées » et qui trouve ennuyeux Shakespeare agirait plus sagement s'il suivait l'impulsion de son goût. Son temps n'est pas encore venu. Tolstoï lui-même, dans *La mort d'Ivan Ilitch*, cette œuvre qui, si mystérieusement, a rompu l'harmonie soi-disant complète « de ses sentiments religieux », nous a conté que, tout récemment encore[1], alors qu'il avait complètement élaboré le plan qu'il conçut pour sauver l'humanité par le travail et par les règles, les doutes bouleversaient son âme autant que celle de Heine ou de Nietzsche, et que « nos » questions étaient alors aussi les siennes.

Voici comment il peint les dernières minutes d'Ivan Ilitch : « Il comprit qu'il était *perdu*, qu'il n'y avait plus de retour possible, que la fin était venue, la fin dernière... » ; « Ces trois jours entiers, pendant lesquels il n'avait pas conscience du temps, il se démenait dans ce sac noir où l'enfonçait une force invisible, insurmontable. Il se débattait comme le condamné à mort se débat dans les mains du bourreau, sachant qu'il

---

1. Les *Réflexions à l'occasion du recensement* sont de 1884-1885, *La mort d'Ivan Ilitch* de 1884-1885.

ne peut être sauvé ; et, à chaque minute, il sentait que, malgré tous les efforts de la lutte, il se rapprochait de plus en plus de ce qui l'épouvantait si fort. Il sentait que son supplice provenait de ce qu'il s'enfonçait dans ce trou noir et de ce qu'à travers ce trou, il ne pouvait passer ». Ces paroles contiennent le thème fondamental du récit. Essayez seulement de les pénétrer comme il faut. Quelles expressions choisit Tolstoï ! : « perdu », « la fin », « la fin dernière », « un sac noir », etc. Ne rappellent-elles pas l'intruse de Maeterlinck ?

Il est vrai qu'il y a, chez Tolstoï, à la fin du récit, une sorte de réponse à la question. « Ivan Ilitch était empêché de traverser le trou par la conscience que sa vie avait été bonne. Cette justification de sa vie l'accrochait, ne le laissait pas avancer, c'était, plus que toute autre chose, ce qui le tourmentait. ». Tout le début du récit nous explique pourquoi la vie d'Ivan Ilitch n'avait pas été bonne. Il s'était trop ménagé, il avait préservé avec trop de soins les agréments d'une vie convenable, il avait attaché trop de prix aux biens médiocres, et, lorsqu'il se fut approché de la tragédie, il sentit pour la première fois qu'il avait laissé passer ce qu'il y a de meilleur dans la vie. Mais c'était d'autant plus terrible. À quoi bon désormais cette perspicacité, quand tous ses comptes avec la vie étaient terminés ? Quel avantage y avait-il à ce que « quelque chose brillât » au bout du trou dans lequel il tombait, à ce qu'il « reconnût tout à coup la vraie direction » ? Comment répondre à cette question : « Les libérer (ceux qui l'entourent) et se libérer soi-même de ses souffrances » ? Et c'est là tout. Les derniers mots d'Ivan Ilitch lorsqu'il entendit quelqu'un dire au-dessus de lui : « C'est fini », était « La mort est finie. Elle n'existe plus. ».

Que veut dire cela ? Que veut dire qu'« il n'y avait pas l'horreur de la mort, parce qu'il n'y avait pas de mort. Au lieu de la mort, il y avait de la lumière » ? Comment Tolstoï explique-t-il, dans son âme, cette affreuse tragédie d'un homme qui n'était coupable en rien ? Sa réponse, c'est la prédication : aimez votre prochain et travaillez.

Mais on ne lui demande pas cela, lui-même ne se le demande pas. Après avoir lu *Ivan Ilitch*, nous ne sommes nullement préoccupés de savoir comment nous garantir de son sort affreux. Au contraire, avec Biélinski, nous exigeons qu'on nous rende compte de chaque victime de l'histoire, des conditions, etc., et non seulement nous nous refusons à grimper jusqu'au dernier degré de l'échelle de la culture, mais nous sommes, au contraire, prêts à nous jeter la tête la première en bas, si on ne nous rend pas compte d'Ivan Ilitch.

La mort d'Ivan Ilitch en tant que production artistique est un des plus beaux joyaux de l'œuvre de Tolstoï. C'est un signe d'interrogation dessiné d'un trait si noir et si vif qu'il transparaît à travers toutes les couches des couleurs nouvelles et radieuses de cette prédication, par laquelle Tolstoï voulait nous forcer d'oublier ses doutes antérieurs. Pas de prédication qui puisse lui porter secours. Nous continuerons à interroger, comme Tolstoï avait interrogé jusqu'ici : il a beau se dédire de son passé, enfler le mot de « faute », nous menacer de l'excommunication de la vertu, c'est-à-dire dans sa terminologie, de Dieu. Nous savons qu'il en est autrement, qu'il peut y avoir « faute » contre la vertu, mais non contre Dieu, car la vertu est l'œuvre des mains de l'homme.

Voici un passage assez curieux de la conversation qui eut lieu entre Zarathoustra et le vieux pape, demeuré après la mort de Dieu sans emploi. Le vieux pape raconte la mort de Dieu en ces termes :

> « Celui qui le loue comme un Dieu d'amour n'a pas placé l'amour assez haut. Est-ce que ce Dieu ne voulait pas être aussi un juge ? Mais celui qui aime vraiment aime par delà la récompense et la punition. Quand ce Dieu était jeune, dans ses pays d'Orient, il était dur, il aimait à se venger et il se construisit un enfer pour amuser ses favoris. À la fin, cependant, il devint vieil et mou, il devint tendre et compatissant, un grand-père plutôt qu'un père, mais surtout une vieille grand'mère branlante. Il était assis, ridé, au coin de son feu ; ses jambes faibles lui donnaient du soucis. Il était fatigué du monde, fatigué de vouloir et, un jour, sa trop grande compassion l'a étouffé ».

Ici Zarathoustra l'interrompit : « Toi, vieux pape ? Vraiment ? Est-ce que tu as vu cela ? Cela a bien pu se passer ainsi – ainsi et encore autrement. Quand les dieux meurent, c'est toujours de plusieurs façons à la fois. Mais, bien. Ainsi ou autrement, le voilà mort. Il n'était pas du goût de mes yeux et de mes oreilles : je ne voudrais rien trouver de pire à lui reprocher. J'aime tout ce qui a le regard clair, tout ce qui parle franchement. Mais lui – tu le sais bien, toi, vieux prêtre, – il avait quelque chose de ton genre, quelque chose de clérical, il était équivoque. Il était également obscur. Quelle fureur n'a-t-il pas eue contre nous, ce soufflant de colère, de ce que nous l'ayons mal compris ? Mais pourquoi ne parlait-il pas plus clairement ? Et si cela tient à nos oreilles, pourquoi nous donnait-il des oreilles qui l'entendent mal ? Nous avions de la bourbe dans l'oreille ? Bon. Mais qui l'avait mise là ? Il gâchait trop souvent l'ouvrage, ce potier, ayant mal appris son métier. Mais qu'il ait tiré vengeance sur ses pots, ses créatures, de ce qu'il ne les avait pas réussis – c'était un vrai péché contre le bon goût. Il y a dans la piété elle-même du bon goût ; et ce bon goût à la fin s'est écrié : « Débarrassez-nous d'un pareil dieu. Plutôt rester sans dieu, plutôt faire le destin avec son propre poing, plutôt être fou, plutôt être dieu soi-même »[1].

Que le lecteur ne s'offense pas de ces mots. J'écris à dessein dieu avec une minuscule, car il s'agit ici du dieu qu'on égale au bien, c'est-à-dire du dieu qui ne s'écrit pas avec une majuscule et qui sert de paravent aux prédicateurs, à l'aide duquel ils se cachent de leurs disciples. Écoutez ce que le pape répondit à Zarathoustra : « Oh ! Zarathoustra, avec toute cette incrédulité, tu es plus pieux que tu ne crois. Sans doute est-ce quelque dieu qui t'a converti à ton athéisme. Et n'est-ce pas ta piété même qui t'empêche de croire en Dieu ? »[2].

Afin que le lecteur puisse encore mieux se rendre compte de la façon dont Nietzsche comprenait, dont Nietzsche pouvait comprendre ce dieu qu'il fallut tuer, je citerai l'un de ses derniers aphorismes, où il définissait l'ordre moral du monde : « Que signifie l'ordre moral du monde ? Qu'il existe une fois pour toutes une volonté de Dieu pour ce que l'homme doit faire et pour ce qu'il ne doit pas faire ; que la valeur d'un peuple ou d'un individu

---

1. *Ainsi parlait Zarathoustra*, « Hors de service ».
2. *Ibid.*

se mesure à son obéissance plus ou moins grande à la volonté de Dieu »[1].

C'est cette façon de comprendre que Tolstoï propose à ses disciples. Tolstoï veut que ses disciples acceptent la loi sans savoir à quoi elle sert, il veut que les Ivan Ilitch renoncent à la recherche des biens médiocres, qui sont pour eux ce qu'il y a de plus précieux, avant que la vie ne leur apprenne que ce n'est pas le degré de « l'agrément » qui doit servir à mesurer la dignité de l'existence humaine. Il les menace de tout l'arsenal des malédictions élaborées par la morale traditionnelle ; il veut les humilier, les effrayer, les épouvanter, afin qu'ils se soumettent aux règles, c'est-à-dire qu'ils fassent ce qui leur est inutile, étranger pour le moment, mais que plus tard ils regarderont peut-être comme le meilleur.

Tolstoï, lui, ne vivait pas ainsi. Il faisait toujours ce dont il avait besoin. Aujourd'hui, c'est une vie vertueuse et la prédication dont il a besoin par-dessus tout. C'est ce qui le sauve des songes douloureux. Mais les autres ont d'autres songes. Et le régime de Tolstoï ne peut rien leur apporter. Dans ce cas, de quel droit appelle-t-il sa morale Dieu, et de quel droit ferme-t-il la voie à ceux qui cherchent le Dieu véritable ? Déjà la conversation de Zarathoustra avec le pape nous montre combien peu le « Dieu-bien » pouvait satisfaire Nietzsche, et comment l'idée du « Dieu-juge » le fit reculer devant les conceptions religieuses habituelles. En cela rien d'étonnant : Tolstoï avait toujours la possibilité de se « corriger ». Il pouvait à cinquante ans passés s'habiller en paysan, labourer, s'occuper de bonnes œuvres. Mais

1. *L'Antéchrist*, 26.

qu'aurait-il fait s'il s'était trouvé dans la situation de Nietzsche, quand on ne peut pas se « corriger », quand le retour est impossible, quand il n'y a pas d'avenir, quand il n'y a que le passé ? Quel sens aurait alors eu pour lui la formule : « Le bien, c'est Dieu » ? Tolstoï connaissait ce cas : il a écrit *La mort d'Ivan Ilitch*. Cette question, nous le répétons, transparaît pour tous ceux qui ne ferment pas les yeux, à travers les phrases éloquentes et pathétiques de sa prédication. Mais en parler ouvertement, Tolstoï ne le veut plus. Écoutons donc Nietzsche ; il nous racontera tout ce que nous aurait raconté Ivan Ilitch, s'il avait été destiné à vivre quinze ans dans l'état où il se trouvait quand il comprit qu'il était « perdu », que « la fin, la fin dernière », était venue.

CHAPITRE XI
[NIETZSCHE ET LA SCIENCE]

Dieu, un Dieu dont a besoin celui qui a compris toute l'horreur de sa propre impuissance – un Dieu qui puisse venir en aide, comme dit Heine : évidemment, Nietzsche ne pouvait pas songer à un tel Dieu. La seule chose qu'il reconnut, c'est ce qu'avaient perdu les hommes en tuant Dieu, quel sacrifice entre les sacrifices ils avaient fait en se dédisant de la foi. Homme trop moderne, tout imbu de l'idée d'évolution, cette idée qui nous présente notre monde contemporain comme « naturellement » évolué des taches nébuleuses, et l'homme comme un chaînon dans cette évolution – comment aurait-il osé penser que son cas personnel, c'est-à-dire l'insuccès de sa vie, pouvait trouver, quelque part dans l'univers, une justification ? Il savait qu'on appelait ce point de vue anthropocentrique et qu'il témoignait uniquement de l'ambition naïve qu'une parcelle infiniment petite a de s'ériger en but dernier du monde.

Nous sommes tous trop habitués à la théorie de l'évolution naturelle, et l'homme moderne doit demander un grand effort à toutes les facultés de son esprit pour s'arracher, au moins partiellement, à son empire. Ainsi beaucoup d'années se passèrent-elles avant que Nietzsche se soit décidé à renoncer aux préjugés scientifiques des positivistes, d'autant plus qu'il ne pouvait présenter, en échange des vérités « positives », rien qui puisse satisfaire assez sa curiosité nouvelle. Il brise les anciens cadres, il ne veut plus « déduire là où il peut deviner », mais il sent que « tous les poètes mentent, car ils savent trop peu de choses », et il avoue ouvertement que « Zarathoustra aussi est un poète ».

C'est pourquoi, même dans ses dernières œuvres, on peut observer le mélange des influences les plus contraires. On trouve d'une part « l'évolution naturelle », et les plus impitoyables attaques contre toutes les tentatives où l'on cherche à représenter l'homme comme autre chose que le simple produit d'un jeu fortuit des forces irrationnelles : c'était là le tribut qu'il apportait à cette philosophie contemporaine, qu'il avait absorbée avec le lait maternel, à la conviction aussi que le malade n'a pas le droit de croire, de même qu'il n'a pas le droit d'être pessimiste. D'autre part, les railleries du positivisme, de l'utilitarisme et de tout ce qui peut s'apparenter à ces systèmes, des affirmations qui dépassent en hardiesse les rêves les plus audacieux de l'humanité.

Dans les premiers temps de sa maladie, il espérait encore trouver dans la science pure une satisfaction. Il écrivait : « Penses-tu qu'une telle vie, avec un tel but, soit trop fatigante, trop vide de tout agrément ? Ainsi tu n'as pas encore appris qu'il n'y a pas de miel qui soit plus doux que le miel de la connaissance ? Et que les nuages pesants de la tristesse doivent te servir de mamelle d'où tu puisses traire du lait pour ta soif? Quand la vieillesse viendra, ce n'est qu'alors que tu remarqueras à quel point tu as écouté la voix de la nature, de cette nature qui régit le monde entier par la loi du plaisir : cette même vie dont le sommet est la vieillesse a aussi pour sommet la sagesse dans ce doux rayon de soleil d'une joie continue et spirituelle ; l'une et l'autre, la vieillesse et la sagesse, tu les rencontres sur la crête de la vie : la nature l'a voulu ainsi. C'est alors que l'heure sonnera, et il n'y aura pas de raison de se fâcher de ce que le brouillard de la mort approche. Que ton dernier mouvement soit un mouvement vers la lumière et ta dernière exclamation un cri de joie à la connaissance »[1]. Est-il besoin de dire combien ces mots sont loin de traduire le véritable état d'âme de Nietzsche, que ce n'est qu'un « masque » dont il se protège, afin qu'on ne puisse pas découvrir que, malgré la tâche assumée, il ne pouvait s'empêcher d'être pessimiste au fond du cœur ?

Ces louanges de la sagesse et de la vieillesse, chez un homme qui à trente ans est obligé d'être sage et vieux (car quel autre miel lui était accessible?), sont d'autant plus suspectes qu'il en est fait profusion. Ici Nietzsche ne craignait pas la perspicacité humaine. Tout le monde loue la sagesse et la science, et sa voix pouvait paraître tout à fait sincère à celui qui ne savait rien de son destin personnel. Peut-être espérait-il effectivement que « le savoir » étoufferait en lui la nostalgie de la vie perdue et qu'il serait, sinon une source de vie, du moins une source d'oubli, capable, encore qu'à sa manière, d'assouvir le feu dans un cœur épuisé. Mais il se trouva que la science

---

1. *Humain, trop humain*, 292.

ne put rien lui donner. Voici ce que raconte Zarathoustra
de cette expérience :

> Trop avant je me suis élancé dans l'avenir : j'ai été
> saisi d'horreur. Et lorsque j'ai regardé autour de moi,
> voici : le temps était mon seul contemporain. Alors
> j'ai fui en arrière, je suis revenu de plus en plus vite :
> ainsi j'arrivai à vous, vous autres les hommes du
> temps présent, j'arrivai dans le pays de la culture.
> Pour la première fois, j'ai ouvert les yeux sur vous,
> et avec une bonne intention : vraiment je suis venu
> le désir au fond du cœur. Mais que m'arriva-t-il ?
> Bien que la peur aussi m'eût saisi, j'ai dû rire. Jamais
> mes yeux n'avaient rien vu d'aussi bariolé. J'ai ri et
> ri, pendant que les jambes me tremblaient et le cœur
> aussi tremblant : « C'est donc la patrie de tous les pots
> de couleur ! » m'écriai-je. Le visage et les membres
> peints de cinquante couleurs, ainsi étiez-vous assis là,
> à ma stupeur, vous autres hommes du temps présent.
> Et avec cinquante miroirs autour de vous qui flattaient
> et imitaient votre jeu de couleurs… Celui qui vous
> enlèverait vos voiles, vos surcharges, vos couleurs
> et vos attitudes en garderait tout juste assez dans les
> mains pour effrayer les oiseaux. En vérité, je suis moi-
> même l'oiseau effrayé, vous ayant une fois aperçus
> nus et sans bariolage et je me suis écarté au plus vite
> quand j'ai vu le squelette me faire des signes d'amour.
> J'aimerais encore mieux être manœuvre dans l'autre
> monde, au milieu des ombres du passé. Ceux de
> l'autre monde sont encore plus gras et plus remplis que
> vous… Des étrangers et une dérision, voilà ce que sont
> devenus pour moi ces hommes du temps présent vers
> lequel mon cœur m'avait porté quand j'étais jeune.
> Chassé des pays paternel et maternel, je n'aime plus
> que le pays de mes enfants : ce pays resté inconnu, ce

pays des mers lointaines, c'est lui que je demande à ma voile de chercher et de chercher[1].

C'est ainsi que furent justifiés les espoirs de Nietzsche en la science, en ce doux miel du savoir, dont il s'était efforcé de parler si éloquemment dans *Humain, trop humain*. Il était cependant allé vers elle avec les meilleures intentions, et ne craignait rien tant que d'être déçu dans ses espérances. La science lui parut être un squelette. Il préfère être un manœuvre dans le royaume des ombres que de vivre avec les hommes du temps présent. On dira que la faute lui en incombe : pourquoi a-t-il attendu de la science ce qu'elle ne peut donner ? Mais où donc peut aller l'homme moderne ? Où chercher le salut ? Et n'entendez-vous pas dire, parmi les savants, que leur tâche, leur science, est ce qu'il y a de plus élevé, que rien ne peut être plus élevé au monde ? Et n'est-il pas naturel à un homme dans la situation de Nietzsche d'aller chercher le salut dans la science, après avoir appris la nouvelle, après avoir « vu et entendu » que « Dieu est mort » ?

Partout où peuvent chercher les hommes, il chercha ; partout où il pouvait espérer trouver pour un abri, il alla. Chez les savants eux-mêmes, il était venu avec les meilleures intentions, sans nul désir de critiquer, de vérifier ou de railler. Il aurait voulu se persuader qu'il n'y avait pas de miel plus doux que le miel du savoir et, par savoir, il entendait la science ; cette science qui avait existé avant lui, espérait-il, pourrait assouvir la soif de son âme. Pendant quelques années, il avait vécu

---

1. *Ainsi parlait Zarathoustra*, « Du pays de la civilisation ».

les lèvres sèches, les yeux fixes, en face du positivisme, espérant que ce « lait vivifiant » dont il avait un si grand besoin coulerait enfin de ce qu'il appelait « les lourdes mamelles de la tristesse ». Est-il étonnant qu'il ait été obligé de rire, quelque déprimé qu'il fût ? Est-il étonnant que plus tard il ait traité Mill de « clarté offensante », Spencer et Darwin d'Anglais bornés ? Il ne pouvait leur refuser le don, le talent, la perspicacité, mais, de tout cela, il ne faisait plus le cas qu'il faisait autrefois, dans les temps passés, alors qu'il prenait la science pour la sagesse, c'est-à-dire pour ce qu'il y a de meilleur dans notre vie. Maintenant, au contraire, la clarté, la trop grande perfection des systèmes scientifiques le choque. Il ne peut comprendre que les hommes s'intéressent à des constructions, à des logiques, à des analyses du monde extérieur ; que là où lui-même avait souffert, avait été torturé, ils ne sentent rien ; qu'ils restent indifférents là où il était pris d'horreur ; les savants qui, vivant jusqu'à une profonde vieillesse, peuvent, tout à leur travail, laisser passer inaperçue la tragédie de l'existence, ce qui était révélé à lui en des circonstances si particulières, lui semblaient de petits enfants. Et il « quittait la maison des savants faisant claquer la porte derrière lui »[1].

Par ses opinions touchant les sciences, Nietzsche a offensé les savants professionnels de toutes les catégories, car il s'est indifféremment écarté des positivistes, des matérialistes et des idéalistes. C'est là qu'il faut trouver la raison de ce ton particulier que les professeurs allemands ont pris quand ils ont parlé de Nietzsche. Ils voudraient dire que Nietzsche a quitté

---

1. *Ainsi parlait Zarathoustra*, « Des savants ».

la science, non parce qu'il n'avait rien à lui demander, mais parce qu'il n'avait pas su la questionner – étant trop véhément, trop impatient, trop impétueux, etc. ; c'est pourquoi, tout en faisant valoir ses talents de publiciste et même tout en entrant dans le tragique de sa situation, ils adoptent, dans les opinions qu'ils émettent sur lui, un ton de condescendance où la conscience de leur supériorité se fait bien voir et qui exclut jusqu'à la possibilité de penser que les expériences de Nietzsche aient pu mettre les droits de la science en question. Pour eux, Nietzsche est un brillant écrivain, ce n'est pas un philosophe. C'est un « forgeur d'aphorismes », mais les capacités synthétiques lui ont manqué, il ne savait pas généraliser, ni ramener à l'unité des observations disparates.

Il est bien entendu que, tout homme ayant quelques défauts, Nietzsche a les siens. Mais, précisément, il faut peut-être voir en ce que les Allemands lui reprochent une des qualités rares qui le distinguèrent. Il est intéressant pour nous, il est indispensable, peut-être, d'entendre ce que dit un philosophe qui ose parler sans se retourner continuellement en arrière pour voir ce qu'il a déjà dit, par crainte de ne pas arriver à cette unité logique que tout philosophe considère comme une *conditio sine qua non*.

Le fini, le systématique, autant de qualités excellentes si elles se forment d'elles-mêmes : mais il ne faut pas que les contradictions dans une théorie philosophique aient été amorties d'une main expérimentée comme cela se fait d'habitude ; il faut, au contraire, qu'elles soient impossibles de par le fond même. Mais ce dernier cas se trouve être à peu près inconcevable. Du moins n'y a-t-il pas eu jusqu'ici un seul philosophe qui ne se soit senti lié, au nom de la synthèse, à n'importe quelle idée unique. Dans ces conditions, la théorie vous oblige à dire, non ce que vous voyez et sentez, mais ce qui ne contredit pas vos convictions, une fois admises. Plus encore : le philosophe, qui, déjà, a sa théorie faite, formée, cesse de voir et de sentir tout ce qui n'entre pas dans le cadre ainsi fixé.

Sous ce rapport, Nietzsche est plus libre que d'autres et il le doit, en partie, à la forme aphoristique adoptée par lui, peut-être en dépit de sa volonté. Il écrivait sur le papier ses pensées telles qu'elles lui venaient, sans les adapter à un système. Et pour le lecteur, il est évidemment beaucoup plus profitable de faire le travail de synthèse à son propre compte. Il sera nécessaire de peiner, mais nous avons du moins la certitude que Nietzsche n'élaguait pas ses pensées et n'inventait pas des mensonges dans la crainte d'être inconséquent.

Si vraiment l'infaillibilité logique des théoriciens témoignait de la vérité de leur doctrine, dans ce cas, l'absence de système chez Nietzsche serait évidemment la preuve d'un grand défaut dans sa philosophie. Seulement nous connaissons en philosophie le secret de tout ce qui est construit d'une seule pièce. Par le simple fait qu'il est possible de nommer toute une série de théories absolument opposées les unes aux autres – et cependant construites avec autant de conséquence l'une que l'autre – nous pouvons déjà apprendre à ne pas trop estimer ce côté de la conception philosophique, et même à nous en fatiguer. Lorsqu'un philosophe est devenu trop conséquent, trop convainquant, nous n'y voyons guère qu'une tentation de plus, et notre attention est mise en garde, car nous savons qu'il ne s'est pas procuré sa logique gratis, qu'en tout cas, il ne l'a pas empruntée à la nature des faits qu'il étudie (surtout s'il s'agit de questions difficiles et complexes). Nous exigeons que le degré possible de conséquence se fasse valoir de lui-même, comme résultat de ce qu'un homme pense, voit et sent, car on ne peut pas rêver que le systématique puisse être conditionné par une possibilité réelle de saisir absolument tout ce qui incombe aux recherches philosophiques. Le travail qui consiste à amortir les contradictions apparaît comme dangereux et risqué : qu'on le veuille ou non, bien des choses resteront en dehors des limites du système, qu'il n'aurait fallu rejeter sous aucun prétexte.

C'est pourquoi les reproches adressés par les philosophes allemands à Nietzsche ne peuvent être justes qu'en une faible mesure, en ce sens qu'il s'efforçait d'adapter à ses opinions des arguments superficiels. Mais comme on l'a déjà remarqué, Nietzsche n'avait que rarement recours à ces ressources et le meilleur parti à prendre est de les ignorer, comme nous ignorons, par exemple, ses réflexions philologiques à propos des mots « bonus » et « malus », réflexions que la critique a réfutées avec tant d'application. Ce sont les pensées et les sentiments qu'il éprouve, qui ont pour nous de l'importance, et non les conceptions qu'il s'est forgées. S'il lui arriva d'éprouver des états d'âme différents, souvent opposés, s'il ne craignit pas de les fixer les uns comme les autres, tant mieux pour nous. Nous devons, si nous cherchons à nous représenter le caractère général des expériences d'un homme, savoir nous-même séparer le permanent et l'important de ce qui est fortuit et de peu d'importance, sans tenir compte de ce que lui-même aurait voulu faire ressortir, de ce qu'il estimait le plus en lui. Car, selon l'expression même de Nietzsche, « ce qu'il y a de meilleur en toi, tu ne le connais pas toi-même » – les autres peuvent le découvrir plus facilement. Au bout du compte, nous aurons une impression entière, non pas d'ordre logique, mais bien d'ordre psychologique. Nous ne serons plus en présence d'un système achevé, mais bien d'un homme achevé, ce qui n'est évidemment pas la même chose.

Ainsi la science, sur laquelle Nietzsche avait fondé de si grands espoirs, et qui devait lui tenir lieu de toutes les joies de la vie, de toutes les consolations de la religion, ne lui avait rien donné, ne pouvait rien lui donner. Ce dont il avait besoin ne se trouvait pas dans la science. Pour que le lecteur puisse se rendre compte de l'état d'âme de Nietzsche dans la période où il était porté de lieux saints en lieux saints, dans le vain espoir de trouver à la fin le repos, nous citerons un court fragment d'*Ainsi parlait Zarathoustra*. Pendant la conversation de Zarathoustra avec le nain sur « l'éternel retour », il entendit brusquement un horrible hurlement de chien :

> À présent, où donc avait disparu le nain ? Et le portique ? Et l'araignée ? Et tous les chuchotements ? Avais-je rêvé ? Étais-je en train de m'éveiller ? Tout à coup, je me trouvais au milieu de rochers sauvages, solitaire sous un clair de lune de solitude. Mais là était couché un être humain. Et voici ! Le chien bondissant, hérissé, gémissant – à peine me vit-il venir – se remit à hurler, à crier. Ai-je entendu d'autres fois un chien crier à l'aide de pareille façon ? Et vraiment, ce que je

voyais, je n'ai jamais rien vu de semblable – je voyais un jeune berger qui se tordait, s'étranglait, palpitait. Il avait le visage décomposé; un serpent noir et lourd lui pendait de la bouche. Ai-je jamais vu une pareille nausée, une terreur aussi pâle exprimée sur un visage? Il avait dû dormir – le serpent était entré dans son gosier et s'était accroché avec les dents. Ma main se mit à tirer le serpent, tirant durement – mais en vain; elle ne put arracher le serpent du gosier. Alors quelque chose cria en moi : « Mords! Mords à fond! Tranche la tête! Mords à fond » – c'est ce qui cria en moi : ma terreur, mon aversion, mon dégoût, ma pitié, tout mon bien et mon mal, criaient d'un seul cri en moi. Vous autres audacieux qui m'entourez, vous autres chercheurs et tentateurs et quiconque vous accompagnant s'est embarqué sur des mers inconnues avec des voiles rusées, vous que l'énigme réjouit : devinez-moi donc l'énigme… ! Quel est ce berger dans le gosier duquel un serpent s'est introduit? Qui est cet homme dans le gosier duquel tout ce qu'il y a de plus accablant et de plus noir s'est introduit? [1].

De telles visions se présentaient à Nietzsche au cours de ses pérégrinations. Les récits de Tolstoï, tels que le *Prisonnier du Caucase*, etc., ou ses réflexions sur le bien peuvent-ils, pouvaient-ils le tranquilliser? N'avait-il pas raison de se détourner de tout ceci et de s'en aller par son propre chemin?

---

1. *Ainsi parlait Zarathoustra*, « De la vision et de l'énigme ».

CHAPITRE XII
[LE BIEN ET LE MAL]

Nietzsche fit également pèlerinage au Bien, au bien de Tolstoï, et il se peut que ce soit là la page la plus douloureuse de sa douloureuse histoire. Comme le lecteur s'en souvient, Nietzsche voulait remplir son existence par « l'amour du prochain », se dissimuler les visions menaçantes qui se présentaient à lui. Et voici ce qui en résulta. Le bien lui dit : « Vous vous fuyez vous-même en allant vers votre prochain et vous voudriez vous en faire une vertu ; mais je vois clair à travers votre désintéressement »[1].

Tel est le langage tenu par le bien à celui pour qui s'étaient fermées les portes de tous les refuges où les hommes trouvent d'ordinaire l'apaisement. Nietzsche, qui n'avait tué personne, qui n'avait lésé personne, qui ne s'était rendu coupable en rien, pouvait répéter, à la suite de Macbeth, ces mots terribles : « Pourquoi n'ai-je pas pu dire "amen" ? J'avais tant besoin de la miséricorde de Dieu ! ». Il dit de lui-même : « Le pire

---

1. *Ainsi parlait Zarathoustra*, « De la vision et de l'énigme ».

ennemi que tu puisses rencontrer sera toujours toi-même ; c'est toi-même que tu guettes dans les cavernes et les forêts... Tu seras un hérétique contre toi-même, un sorcier et un devin, un fou et un incrédule, un impie et un scélérat. Tu dois vouloir te consumer dans ta propre flamme : comment veux-tu te renouveler si d'abord tu n'as pas été réduit en cendre »[1]. Le lecteur reconnaît-il au ton et au caractère de ces paroles notre vieille connaissance, le juge, qui, pensions-nous, ne persécute que les « méchants », les « criminels » ? S'il ne la reconnaît pas, nous citerons encore un passage où, avec une vigueur particulière, se font jour tous les caractères de l'« impératif catégorique », qui, jusqu'ici, selon nos conceptions et celles de Kant, ne persécutait que ceux qui enfreignaient la règle. Nous le citerons dans l'original, car une traduction n'en conservera jamais l'énergie ni la passion, ce qui est, dans ce cas, d'une importance décisive, car il montre à quel point l'impératif est catégorique :

> *Will Jemand ein wenig in das Geheimnis hinab-
> und hinuntersehen, wie man auf* Erden Ideale fabri-
> ziert ? *Wer hat den Mut dazu ? ... Wohlan ! Hier ist
> der Blick offen in diese dunkle Werkstaette. War-
> ten Sie noch einen Augenblick, mein Herr Vorwitz
> und Wagehals : Ihr Auge muss sich erst an dieses
> falsche, schillernde Licht gewœhnen... So ! Genug !
> Reden Sie jetzt ! Was geht da unten vor ? Sprechen
> Sie aus, was Sie sehen. Mann der gefaehrlichsten
> Neugierde – jetzt bin ich der, welcher zuhœrt.*

---

1. *Ainsi parlait Zarathoustra*, « De l'amour du prochain ».

– Ich sehe nichts, ich hœre um so mehr. Es ist ein vorsichtiges, tückisches, leises Munkeln und Zusammenflüstern aus allen Ecken und Winkeln. Es scheint mir, dass man lügt; eine zuckerige Milde klebt an jedem Klange. Die Schwœche soll zum Verdienste *umgelogen werden, es ist kein Zweifel – es steht damit so, wie Sie es sagten.*

– Un die Ohnmacht, die nicht vergilt, in « Güte », die œngstliche Niedrigkeit in « Demut »; die Unterwerfung vor Denen, die man hasst, zum « Gehorsam » (nœmlich gegen Einen, von dem sie sagen, er befehle diese Unterwerfung, – sie heissen ihn Gott). Das Unoffensive des Schwachen, die Feigheit selbst, an der er reich ist, sein An-der-Tüstehen, sein unvermeidliches Warten-Müssen, kommt hier zu gutem Namen als « Geduld », es heisst wohl auch noch die Tugend ; das Sich-nicht-rœchen-kœnnen heisst Sich-nicht-rœchen-wollen, vielleicht selbst Verzeihung (« denn sie wissen nicht, was sie tun – wir allein wissen es, was sie tun ! ») Auch redet man von der « Liebe zuseinen Feinden »– und schwitzt dabei.

– Weiter !

– Sie sind elend, es ist kein Zweifel, alle diese Munkler und Winkel-Falschmünzer, ob sie schon warm beieinanderhocken – aber sie sagen mir, ihr Elend sei eine Auswahl und Auszeichnung Gottes, man prügle die Hunde, die man am liebsten habe ; vielleicht sei dies Elend auch eine Vorbereitung, eine Prüfung, eine Schulung, vielleicht sei es noch mehr, – Etwas, das einst ausgeglichen und mit ungeheuren Zinsen in Gold, nein, in Glück ausgezahlt werde. Das heissen sie « die Seligkeit ».

– Weiter !

*– Jetzt geben sie mir zu verstehen, dass sie nicht nur besser seien als die Mæchtigen, die Herren der Erde, deren Speichel sie lecken müssen (*nicht aus Furcht, ganz und gar nicht aus Furcht! *), dass sie nicht nur besser seien, sondern es auch « besser hætten », jedenfalls einmal besser haben würden. Aber genug! Genug! Ich halte es nicht mehr aus. Schlechte Luft! Diese Werkstætte, wo man* Ideale fabriziert – *mich dünkt, sie stinkt vor lauter Lügen.*

Quelqu'un veut-il voir jusqu'au bout et jusqu'au fond comment, sur terre, on *fabrique des idéals* ? Qui en a le courage ? … Bien ! C'est ici que la vue est ouverte sur cette sombre usine. Attendez encore un instant, monsieur l'effronté, monsieur le casse-cou : vos yeux doivent tout d'abord s'habituer à cette fausse lumière vacillante… Bon ! Assez ! À présent, parlez ! Qu'est-ce qui se passe en bas ? Dites ce que vous voyez, homme de la plus dangereuse curiosité. À présent, je suis, moi, celui qui écoute.

– Je ne vois rien, j'entends d'autant plus. Dans tous les coins et recoins, c'est un murmure et un chuchotement prudent et hypocrite. Il semble que l'on ment ; une douceur sucrée colle à chaque son. Le mensonge doit tourner la faiblesse en *mérite*, il n'en faut pas douter, cela se passe justement comme vous l'avez dit.

– Continuez !

– Il doit tourner l'impuissance, qui ne tire pas vengeance, en « bonté », la bassesse tremblante en « résignation » ; la soumission devant ceux que l'on hait, en « obéissance » (en particulier à l'égard de quelqu'un dont ils disent qu'il ordonne cette soumission ; c'est celui qu'ils ont nommé Dieu). L'incapacité de nuire du faible, la couardise elle-même, dont il est riche, ses stations devant les portes, son inévitable il-faut-attendre, tout cela arrive ici à la bonne renommée en tant que « patience », on l'appelle aussi la vertu ; s'ils ne peuvent pas se venger, ils appellent cela ne pas vouloir se venger, et même peut-être pardonner (« car ils ne savent pas ce qu'ils font ; nous seuls savons ce qu'ils font ! »). On parle aussi de « l'amour pour son ennemi », et on en transpire.

– Continuez !

– Ils sont misérables, il n'en faut pas douter, tous ces chuchoteurs et ces faux-monnayeurs de cave, bien qu'ils s'accroupissent chaudement les uns près des autres, mais ils me disent que leur misère est un choix et une distinction de Dieu, qu'on bat le chien qu'on aime le mieux : peut-être cette douleur est encore une préparation, une épreuve, une école, peut-être est-elle encore plus : quelque chose dont on recevra la compensation et qui sera payé par d'invraisemblables arrérages en or, non ! Plutôt en bonheur. C'est ce qu'ils appellent la « béatitude ».

– Continuez !

– À présent, ils me donnent à comprendre que non seulement ils sont meilleurs que les puissants, les maîtres de la terre, ceux dont ils doivent lécher les crachats (*non* par crainte, certainement, non !), que non seulement ils sont meilleurs, mais que leur sort même est meilleur, à tout le moins qu'il sera meilleur un jour. Seulement, assez ! Assez ! Assez ! Je n'y tiens plus. Quel air vicié ! Cette usine où on *fabrique les idéaux* m'assombrit, elle pue de tant de mensonges [1].

Est-il possible d'hésiter un instant sur ce point : qui parle ainsi ? Où donc, en dehors du *Macbeth* de

---

[1]. *La Généalogie de la Morale*, I, 14.

Shakespeare, où pourrait-on sentir une pareille horreur de soi? Qui ne reconnaît dans ces paroles la voix de la conscience, les remords? Mais, pour cette fois, la tâche que la conscience a entreprise ne lui est pas habituelle. Au lieu de faire des reproches, de maudire, de jeter l'anathème, de retrancher quelqu'un de la communion de Dieu et des hommes, parce qu'il a été « mauvais », elle le poursuit parce qu'il a été « bon ». Au lieu de l'accuser d'avoir été méchant, fier, vengeur, irrespectueux, oisif; elle lui reproche d'avoir été soumis, bon, docile, travailleur, respectueux! Il se trouve que la conscience flagelle, non seulement parce que l'homme a enfreint les « règles », mais encore parce qu'il leur a témoigné toute la déférence dont parle Kant. Et la force des reproches n'en est pas moins grande; peut-être n'en est-elle qu'accrue. Les tortures de Nietzsche sont plus terribles que les épreuves de Macbeth. Et cependant il n'a pas commis de « péchés ». Il ne fait que payer pour ses vertus, il ne fait que totaliser ce que sa bonne réputation lui a coûté. Jusqu'ici, la conscience n'a pas encore joué un tel rôle ouvertement : à moins que ce ne soit dans la première partie de *Crime et Châtiment*, mais aussi bien justifie-t-elle entièrement son passé dans la seconde partie, où de nouveau elle prend la défense de la « règle », qui lui était restée si chère. Mais rien de tel chez Nietzsche. Jusqu'à la fin de sa vie, sa conscience parle *contre* ce qui est « bon » en lui, et l'amène enfin à l'aveu que tout ce qui est « bon » est « mauvais » et vice-versa. C'est l'état d'esprit où sa philosophie a pris sa naissance; et il est évident qu'il est tout à fait déplacé de « réfuter » cette dernière – comme les professeurs allemands – en faisant valoir que Nietzsche n'avait pas compris Kant d'une façon suffisamment « profonde ».

Il n'est pas question ici de Kant. Nous sommes en présence d'un fait extraordinaire, d'un fait d'une portée immense : *la conscience* s'est élevée dans l'homme contre tout ce qu'il y avait en lui de « bon » ? Un tel fait exige que nous fassions à nouveau une révision de toutes les conceptions ordinaires du bien et du mal, conceptions qui, jusqu'ici, avaient caché à nos yeux des psychologies pareilles à celle de Nietzsche. Je le répète, il est faux de penser que les sentiments de Nietzsche soient uniques, neufs, sans précédents. Au contraire, peut-être sont-ils beaucoup plus fréquents qu'on a coutume de le croire. Mais ordinairement, on les tait. Ils se résignent à cause de la réprobation générale qui les attend. Le mérite de Nietzsche ne consiste qu'en ceci : il a osé élever la voix pour eux, il a osé dire à haute voix, ce que les autres ne se disaient qu'en eux-mêmes, ce que les autres n'osaient pas même se dire ainsi, car ils avaient peur de donner des noms à ce qui se passait dans leur propre conscience. Peut-être Nietzsche lui-même aurait-il été moins audacieux s'il n'avait pas été un homme qui n'a plus rien à perdre, qui n'a plus le choix. « Il faut voir ce danger de près ; mieux encore, il faut l'avoir vécu en soi-même ; il faut *avoir été aux limites de sa perte à cause de lui*, pour comprendre que ce n'est pas une matière à plaisanteries »[1]. C'est ce qu'il dit, en parlant, à propos de l'instinct théologique, de la façon dont la morale en avait usé avec lui.

---

1. *L'Antéchrist*, 8.

En quoi consistait ce danger qui menaçait de perdre Nietzsche? Comme toujours, l'événement le plus important et le plus significatif de la vie d'un écrivain reste un secret pour nous. Pour expliquer le passage que nous avons cité plus haut, nous sommes réduits à recourir à d'autres fragments de ses œuvres ; mais, dans ces fragments mêmes, nous ne trouvons encore que des aveux d'un caractère général. Le fait concret, le fait réel ne sera sans doute jamais appelé de son vrai nom. Quelle est cette « *innere Besudelung* »[1] qui se cache derrière tous les aveux de Nietzsche? Le lecteur s'en souvient : il a dit, sur la psychologie des grands hommes, un certain nombre de choses affreuses – mais aussi bien, en des termes relativement vagues. Encore que de tels aveux soient difficiles à faire, même s'ils sont faits sous une forme indirecte, il est plus facile toutefois de se les arracher que de rapporter ses véritables, ses propres expériences intérieures.

Nietzsche demande « Où sont tes plus grands dangers? ». Il répond : « Dans la compassion »[2]. En regard de celle-ci se pose une autre question : « En quoi se manifeste la plus grande humanité? ». Et la réponse est : « *Jemandem Scham ersparen* »[3].

Il faut croire que la compassion et la honte l'ont perdu. Plus tard, lorsqu'il se souvenait de ce qu'avaient fait de lui la compassion et la honte, ces agents zélés de la vertu, incarnant l'obligation intérieure, il se sentait pris d'une horreur mystique et, à l'égard de la morale, d'une

---

1. Souillure intérieure.
2. *Le Gai Savoir*, 271.
3. *Ibid.*, 274. « Éviter la honte à quelqu'un. »

répulsion telle qu'on ne peut citer comme *pendant*[1] que le désespoir des plus horribles criminels obsédés par les crimes qu'ils ont commis. Je dis des « plus horribles » c'est-à-dire de ceux pour qui il n'y a pas, il *ne peut* y avoir de salut, de ceux qui savent qu'ils ont perdu leur âme à tout jamais, qu'à tout jamais, ils sont livrés (si l'on parle la langue de Macbeth) au pouvoir de Satan, – car les *remords ordinaires*, même chez des hommes profonds et forts, ne peuvent être comparés à ceux que Nietzsche a éprouvés. Nous connaissons la confession de Tolstoï, nous comprenons de quel état d'esprit, de quel mépris de soi, est née la *Sonate à Kreutzer*. Mais ce n'est pas encore tout à fait cela. Dans ses habits de paysan, au travail, dans les champs, Tolstoï trouvait, non seulement le repos, mais encore – ne serait-ce que pour un temps – une véritable consolation. Pour Nietzsche, derrière chaque ligne de ses écrits, on devine la palpitation d'une âme torturée, déchiquetée, qui sait que la miséricorde n'existe pas, ne peut pas exister pour elle sur terre. Et sa « faute » consiste seulement en ceci que la compassion et la honte ont eu un trop grand pouvoir sur elle, qu'elle voyait Dieu dans la morale et qu'elle a cru en ce Dieu, à l'encontre de ses instincts.

Tolstoï dit à présent que « le bien, c'est Dieu » ! Sa vie passée, ses expériences personnelles étaient telles qu'il ne pouvait pas vérifier le principe qu'il annonçait. Il avait, il est vrai, cherché le bien toute sa vie : mais, le lecteur s'en souvient, il a toujours su étendre le bien sur le lit de Procuste de ses besoins personnels. Suivant la nécessité, tantôt il l'étirait, tantôt il le rognait : ainsi

1. En français dans le texte.

le bien n'osa-t-il pas refuser sa bénédiction à Lévine, même lorsqu'ayant oublié la compassion et la honte qui l'avaient autrefois torturé, celui-ci prit un air si modeste et si convenable qu'il pouvait sans difficulté figurer dans les pages du « Mercure russe ». Pour Nietzsche, il n'en allait pas ainsi. Avec toute l'insouciance naïve, avec toute la foi ardente d'un idéaliste allemand, il s'était abandonné, corps et âme, à sa divinité. Et néanmoins le remords le poursuivait avec tout l'acharnement que Shakespeare a décrit dans *Macbeth*. Non qu'il n'eût pas écouté le bien, mais parce qu'honnêtement et fidèlement – devant les autres et devant lui-même – il avait fait son « devoir ». Si « la voix intérieure » est le juge suprême de notre passé, si la « torture morale du repentir » peut témoigner au sujet du bien et du mal (ce que jusqu'ici les philosophes et les psychologues affirmaient), si la sentence de « l'impératif catégorique » est sans appel – dans ce cas, l'histoire de Nietzsche jette une lumière toute nouvelle sur nos conceptions morales. Toutes ces tortures de l'esprit qui, jusqu'ici, appuyaient les droits souverains de la morale, tortures dont on pouvait menacer les importuns qui se révoltaient contre l'impératif catégorique, se trouvèrent être des servantes dépourvues de tout caractère personnel, des servantes à deux visages qui exécutent avec un empressement égal leur charge d'inquisiteurs ! Peu leur importe que l'ordre émane du bien offensé ou du mal méprisé. Et plus encore, répétons-le : nous ne trouvons pas chez Tolstoï une horreur aussi grande devant son passé de pécheur, que chez Nietzsche au souvenir de sa vie de juste. Le bien méprisé pardonna à Tolstoï lorsqu'il se repentit et témoigna contre son passé ; mais le mal ne gracia pas Nietzsche, bien qu'il se soit dédit de sa vie de juste, bien qu'il ait loué le péché par des hymnes si passionnés, et tels que le bien lui-même n'en avait que rarement reçu, quelque gâté qu'il soit de ce côté. Jusqu'aux dernières minutes de la vie de Nietzsche, dans tout ce qu'il a écrit, on sent un désespoir si profond, si irrémédiable – provoqué par la conscience qu'on ne peut laver la honte de sa vertu passée – que celui qui devine quels sont les sentiments qui se cachent derrière les paroles brillantes du malheureux écrivain ne peut se défendre d'un frisson.

Il est vrai que Nietzsche ne parle presque nulle part directement, ouvertement, de son passé : un tel passé ne se raconte pas. Au contraire, il emploie toutes ses forces à cacher ce qu'il a vécu, et rien ne flatte son âme exténuée autant que l'espoir de rester incompris. Quand Brandès appela sa doctrine un « radicalisme aristocratique », il appliqua à Nietzsche deux mots banals ou devenus tels (il y a chez le critique danois une réserve inépuisable de mots) qui, même extérieurement, ne caractérisent pas la philosophie de Nietzsche. Mais ce dernier était ravi et affirmait que c'était ce qu'il avait entendu dire de plus intelligent sur lui-même. Plus exactement, Nietzsche voyait dans les paroles de Brandès une preuve de ce que son but était atteint – de ce que les hommes étaient tellement éblouis par son art qu'ils ne pensaient pas à Nietzsche lui-même. C'était justement ce qu'il voulait. Il craignait par-dessus tout d'être deviné, c'est pourquoi il déguisait ses aveux de telle sorte qu'ils semblent n'avoir aucun rapport avec lui. Brandès, qui, de son côté, parle toujours de choses qui n'ont aucun rapport avec lui-même, crut tranquillement qu'un « radicalisme aristocratique », c'était tout ce qu'on pouvait découvrir dans la philosophie de Nietzsche. Combien peu Nietzsche est expliqué par de telles formules, à quel point elles éloignent de Nietzsche, c'est ce que peut montrer le passage suivant de l'un de ses aphorismes :

> Il y a des hommes gais qui usent de la gaîté parce qu'ils sont mal compris par ce moyen : – ils veulent être mal compris. Il y a des « hommes de science » qui usent de la science parce qu'elle leur donne une allure gaie, parce que la science fait conclure que l'homme est superficiel : – ils veulent induire à une conclusion fausse. Il y a des esprits libres et audacieux qui voudraient dissimuler et nier que leur cœur fier et inguérissable est brisé (le cynisme d'Hamlet, le cas Galiani) ; et parfois la folie elle-même est le masque d'un savoir funeste et trop certain. D'où il résulte que c'est le fait d'une humanité plus délicate de respecter le masque et de ne pas exercer sa psychologie et sa curiosité hors de propos[1].

Un peu plus loin, Nietzsche remarque « N'écrit-on pas des livres, précisément pour dissimuler ce que l'on cache en soi »[2]. Mais si un « masque » peut dissimuler bien des choses, il peut quelquefois les laisser découvertes. Dans ses œuvres, les traits généraux de l'histoire de Nietzsche se manifestent malgré tout et ses « fondements de la morale » s'éclairent de façon ou d'autre pour un lecteur attentif. Il va de soi qu'il ne peut être question ici d'une démonstration logique ou historique. Et c'est en cela, précisément, que consiste

1. *Par-delà le bien et le mal*, 270.
2. *Ibid.*, 289.

toute l'originalité, tout l'intérêt de la philosophie de Nietzsche, c'est par là qu'il a droit, de notre part, à une attention exceptionnelle. S'il n'avait approché son « problème de la morale » que par les antennes de la raison froide (toutes sensibles qu'elles puissent être) ; en d'autres mots s'il n'avait fait que chercher pour la morale une place dans un système philosophique quelconque, il n'aurait certainement pas atteint de résultats nouveaux. Il aurait conservé l'inévitable impératif catégorique, qui sépare les manifestations de la vie morale des autres manifestations mentales ; et, selon l'école qu'il aurait trouvée le plus à son goût, il aurait parlé, soit de l'intuition immédiate, soit de l'« origine naturelle des conceptions morales ». Il n'y a aucun moyen de sortir du cercle magique des conceptions logiques par des raisonnements logiques. Tant qu'on supposait que la conscience montait exclusivement la garde auprès du « bien » (et jusqu'ici tous les systèmes de morale se fondaient obligatoirement sur cette supposition, seul le terme d'impératif catégorique appartenant en propre à Kant), le point de vue auquel Nietzsche s'est placé était absolument impossible. Si le « bien » seul est protégé par les remords, il doit, évidemment, être placé dans une catégorie distincte : on aura beau prouver mille fois l'origine « naturelle » des conceptions morales.

Les recherches des philosophes anglais en sont la meilleure illustration. Si la morale n'est que l'utilité travestie, si elle n'est que l'expression des relations sociales, elle doit être évidemment dépouillée de tous ses attributs sacrés, et il faudra la réduire au niveau des dispositions purement policières, très utiles aussi,

indispensables même, qui veillent à l'ordre et à la sécurité
des hommes. Mais la foi en la sainteté de la morale était
si profonde, la conviction que « la conscience pure » est
le plus précieux joyau qui soit au monde, le dernier et le
plus ferme soutien de l'homme – cette conception s'était
si bien amalgamée avec les conceptions habituelles que,
même pour un instant, le soupçon ne pouvait venir à
l'esprit des philosophes anglais que la morale expliquée
risquât de perdre le prestige qu'avait eu la morale non
expliquée. Ils avaient la conviction absolue qu'il n'y a pas
de théorie qui puisse détruire le charme qu'a la sainteté
de la morale – et pour cette raison même, ils donnaient
à l'utilité, sans crainte aucune, le nom d'aïeule de la
morale. Leurs recherches n'avaient nullement pour objet
de vérifier la légitimité des aspirations que les hommes
vertueux ont au privilège exclusif de la tranquillité,
de l'estime universelle, etc. Un tel désir aurait signifié
qu'on se révoltait contre soi-même – ce que personne
ne fait de bon gré. Si des livres étaient écrits, leur but
était exclusivement d'ordre scientifique, ce qui revient à
dire innocent ; c'était le fait d'une curiosité insouciante,
certaine à l'avance qu'on ne lui demanderait pas de
sacrifice sérieux. Il s'agissait seulement de la victoire
d'un principe philosophiquement purement extérieur
et non intimement lié au sort du philosophe. Que la
morale soit la descendante de l'utilité ou de l'intuition,
elle n'en conservait pas moins la même estime et le
résultat de cette recherche ne pouvait en aucune façon
faire passer le philosophe lui-même de la catégorie des
bons dans celle des méchants, ni lui préparer les tortures
de Macbeth. Même pour la forme, Mill et Spencer ne

posaient pas la question : leur revenait-il vraiment de vivre tranquilles – au criminel d'être rongé de remords ? Ils auraient jugé une question de ce genre « immorale » : elle aurait signifié qu'on doutait de ce qui est supérieur, du bien ou du mal. Mais ici, non seulement, ils ne doutaient pas : ils ignoraient même qu'il était possible de douter qu'un jour quelqu'un pourrait douter. Ils traitaient une seule question : pourquoi le bien est-il au-dessus du mal ? et ceci, non pas afin de se persuader qu'ils avaient raison, mais seulement à cause de l'habitude qu'ils avaient d'introduire partout un « pourquoi », si seulement il y avait possibilité de le caser. Mais, en dehors de tout cela, ils étaient convaincus profondément que les saintes prérogatives de la morale resteraient intactes, indépendamment des résultats auxquels leurs recherches aboutiraient – que les histoires de Macbeth seraient toujours réservées aux Macbeth et ne pouvaient d'aucune façon les toucher, eux, les philosophes.

C'est pourquoi Nietzsche avait parfaitement raison lorsqu'il affirmait avoir été le premier à soulever la question morale. Il s'exprimait ainsi : « Jusque aujourd'hui dans toute la "science morale" ce qui faisait défaut – si étrange que cela puisse apparaître – c'est le problème moral lui-même. Le soupçon même qu'il puisse y avoir là quelque chose de problématique faisait défaut. Ce que les philosophes appelaient "fondements de la morale", ce qu'ils exigeaient d'eux-mêmes comme tels, n'était, à le voir sous un jour véritable, rien d'autre qu'une forme savante de la bonne foi en la morale dominante, un nouveau moyen de l'exprimer, donc un état de fait dans les limites d'une moralité définie, ou même, en dernière instance, une manière de nier que cette morale puisse être envisagée comme un problème »[1]. Et, – ce qui est le plus important –, les vues originales de Nietzsche sur la morale n'étaient pas le résultat de raisonnements abstraits. La question de la portée de la morale trouva sa solution, non dans le cerveau de Nietzsche, non à l'aide d'arguments logiques, mais dans le plus secret, le plus profond de son cœur et dans les plus douloureuses expériences. Et cette fois aussi, comme *toujours*, il a fallu un nouveau Golgotha, pour qu'une nouvelle vérité ait pu apparaître. Seul celui-là pouvait comprendre et estimer la valeur de la morale, qui tout entier s'était sacrifié à elle. Nietzsche avait accompli toutes ses exigences, s'était soumis à elle en toutes choses, avait étouffé en lui-même toutes protestations, en avait fait son Dieu. Comme tout véritable croyant, il ne trahissait l'objet de son culte ni en acte, ni même en pensée ; il ne se permettait aucun doute touchant son origine divine. Dans toute sa plénitude, il a vérifié sur lui-même la formule que propose aujourd'hui Tolstoï : « le bien, c'est Dieu », c'est-à-dire que, dans la vie, il ne faut rien chercher d'autre que le bien.

On trouve une réponse terrible à cette foi de sa jeunesse dans les paroles de Zarathoustra : « Les vérités étouffées deviennent empoisonnées. ». Celui-là seul qui, de la même façon que Nietzsche, s'est tout entier consacré à une vérité unique – taisant toutes les autres – peut parler de vérités empoisonnées. Pour les autres hommes, la vérité n'est qu'une hypothèse plus ou moins réussie, plus ou moins spirituelle. La foi en de souverains

---

1. *Par-delà le bien et le mal*, 186.

droits de la morale, en des droits divins, a empoisonné l'âme de Nietzsche, et ce poison a brûlé en lui jusqu'aux derniers instants de sa vie consciente. Sa philosophie n'est pas le jeu audacieux d'une intelligence éprouvée, cherchant à bouleverser la tranquillité de son prochain par un doute railleur à l'égard de la sainteté de ses idéals. Le ton seul de ses œuvres, si profondément sérieux, si passionné exclurait une telle hypothèse. Il est vrai qu'il essaye parfois de faire figure d'homme jouant avec les choses saintes. Mais tout cela n'est que simulation. C'est – *zur Schau getragene Tapferkeit des Geschmarks*[1] – ce dont les hommes s'affublent afin de paraître superficiels et de cacher leur état d'âme. C'est ainsi que se dissimule « la conviction terrible dont un homme est saturé et imprégné, qu'en vertu de ses souffrances, il lui est donné de savoir plus que les savants et les plus sages ». Et que savait-il ? Quel était son secret ? Secret épouvantable en effet et qu'on peut transmettre en peu de mots : « Les tortures de Macbeth n'attendent pas seulement ceux qui ont servi le mal, elles attendent également ceux qui ont servi le bien. ». Nietzsche l'a dit le premier et « les premiers nés sont sacrifiés » – *Die Erstlinge werden geopfert*. Zarathoustra en a fait l'expérience lui-même.

---

1. *Par-delà le bien et mal*, 270.

CHAPITRE XIII
[L'*UEBERMENSCH*]

Et ici, à propos de la morale, il est possible de dire ce que Nietzsche a dit à propos de la religion. La grande majorité des hommes ne soupçonne même pas qu'on puisse concilier tant d'espoirs avec la morale. Ceux que les conditions et les événements de leur existence n'ont pas fait approcher de trop près ces questions « dernières » de la vie, ne comprendront peut-être pas de quoi Nietzsche s'est inquiété. Il leur paraîtra qu'il s'agit ici d'une simple curiosité et, au surplus, d'une curiosité qu'on ne pourra jamais complètement satisfaire ; quoi qu'on fasse, en effet, il est impossible ici d'arriver à rien de défini, impossible d'aller au-delà d'hypothèses plus ou moins justes et plus ou moins judicieuses. La passion avec laquelle Nietzsche se jette sur ces questions, ou sur d'autres questions analogues, étonne beaucoup de personnes qui n'arrivent absolument pas à deviner à quel propos est fait tout ce bruit. « Nous ne savons rien de certain ni sur Dieu ni sur la morale – et nous ne saurons

jamais rien. Est-ce la peine de s'agiter et de gâter sa
propre vie et celle des autres ? » Ainsi raisonnent-ils.

Il n'en faut pas douter – cela ne vaut pas la peine :
celui qui pense ainsi n'a rien de mieux à faire qu'à
rester à l'écart de discussions qui lui sont étrangères, à
l'écart d'une philosophie dont il n'a nul besoin et d'une
poésie incompréhensible pour lui. En quoi se trouve la
réponse au principe fondamental de Tolstoï, qu'il faut
mettre la science et l'art à la portée du peuple. Intéresser
tout le monde à ce qui préoccupait Tolstoï et Nietzsche,
non seulement ce n'est pas possible, ce n'est même
pas désirable. Je dirai mieux : il ne faudrait même pas
que l'on ait la conviction que la faculté de s'adonner
exclusivement aux questions dernières de la science et
de l'art distingue un homme avantageusement. À cause
de ce préjugé, malheureusement aussi fréquent qu'il est
faux, un grand nombre d'hommes s'adonnent contre leur
gré à des préoccupations qui leur sont inutiles et lisent des
poètes et des philosophes qui les ennuient. Ils discutent
sur des matières qui ne les intéressent en rien. C'est ainsi
qu'ils paient leur contribution à l'opinion de la société,
qui met si haut les intérêts purement « spirituels ». Mais
il s'en faut que la valeur de la contribution soit la même
pour ceux qui l'apportent et pour ceux qui la reçoivent.
Ces serviteurs contraints de la philosophie perdent leur
temps et leur travail en vain, alors que la société n'y
gagne rien, sauf les bavards. Et – c'est l'essentiel – ces
hommes pourraient être employés à une autre tâche,
très avantageuse et très bonne, préférable peut-être aux
véritables occupations philosophiques ; or, en vertu
de simples préjugés, ils tuent leur temps en entretiens

qui ne leur font nul besoin ni à personne. C'est donc la dernière chose à faire que de s'occuper de rendre la science et l'art accessibles à « tous ». À « tous », telle chose est nécessaire – à quelques-uns, telle autre. Et non, je le répète, que ces « quelques-uns » soient meilleurs ou plus élevés que « tous » ; il se peut que « tous » soient meilleurs que « quelques-uns ». Une telle question ne doit pas même être posée, d'autant moins être résolue. Mais il est certain que, jusqu'à nos jours, il est impossible de parler de philosophie ou de poésie également nécessaire à tous.

Que, par exemple, selon le précepte de Tolstoï, on force Nietzsche à écrire des contes pour les enfants ou le peuple – des contes sur le sujet « Le pain noir est le grand-père du petit pain » – cela quand depuis de longues années les visions de Macbeth troublent le repos de ses nuits, tout à fait comme s'il avait lui-même « assassiné le sommeil » – ne serait-ce pas plus injuste encore que de forcer des enfants à lire *Ainsi parlait Zarathoustra ?* Si Nietzsche parle de Dieu, de la morale, de la science – et s'il en dit ce qu'il sait et ce qu'il sent, ce que les autres ne peuvent pas et n'ont pas besoin de sentir ni de savoir, si sa poésie est inaccessible, si même elle paraît dépourvue de sens à bien des gens, à ceux qui n'ont pas essayé de « tendre la main à des fantômes » (qui d'ailleurs ne les ont jamais visités) – est-ce là une raison pour forcer Nietzsche à se taire en introduisant dans la poétique nouvelle une règle selon laquelle toute œuvre littéraire doit obligatoirement être accessible à tous ?

C'est clairement le contraire. À cette majorité qui reste jeune jusqu'à la vieillesse, il faut une poésie et une philosophie spéciales et d'ailleurs elle possède ses poètes et ses philosophes. Mais faire de ses besoins, comme le voudrait Tolstoï, la mesure de valeur de toutes les œuvres de l'esprit humain, c'est ce qui est injuste, injuste profondément pour ceux qui, avant tout, ont besoin de chercher dans la philosophie et la poésie leur consolation. Et puis, je le répète, c'est inutile : la poétique de Tolstoï, évidemment, ne fera pas taire Nietzsche.

Nietzsche le sait fort bien : « Car les hommes sont inégaux ! Ainsi parle la justice. Et ce que je veux, moi, les autres ne doivent pas le vouloir. ». Il est vrai que c'est de là que s'est dégagée plus tard la prédication de Nietzsche, son *Uebermensch*, sa doctrine aristocratique et tant d'autres choses du même genre qui n'ont pas plus à voir avec les vrais besoins de son âme que le « bien » de Tolstoï n'avait à voir avec les sentiments du philosophe de Iasnaïa Poliana. L'un et l'autre – Tolstoï aussi bien que Nietzsche – en tant que prédicateurs, nous proposent une doctrine qui ne fait que dissimuler à nos yeux leur conception du monde. Qui aurait l'idée de servir le « bien » d'après le programme de Tolstoï serait aussi étranger à Tolstoï que celui qui se sacrifierait à l'*Uebermensch* ressemblerait peu à Nietzsche – alors qu'il réaliserait par là, cependant, l'exigence de Zarathoustra.

Nous avons déjà vu combien Tolstoï est éloigné de ces habitants de Liapine, de ces choristes offensés, de ce peuple exploité, au nom duquel il exige que nous nous soumettions à son « bien ». Nous verrons plus loin à quel point son idéal du surhomme demeure étranger à Nietzsche : il joue chez lui le rôle du « bien » de Tolstoï, en ce sens que, par ce moyen, il impose autant que ce dernier, qu'il écrase et anéantit à l'aide de ce mot, tout à fait comme Tolstoï le faisait avec son « bien ». Nous trouvons chez Nietzsche exactement les mots suivants : « La nature qui a donné au bœuf des cornes, au lion χάσμ ὀδόντων, pourquoi m'a-t-elle donné des pieds ? Pour écraser, je le jure par saint Anacréon, et non pour fuir »[1]. Un prédicateur ne peut se passer de cela même s'il est immoraliste et s'est placé par-delà le bien et le mal. Mais tout cela n'est qu'apparence, que façade, que ce qu'on fait voir aux autres. D'autant plus grand pour nous est l'intérêt des sentiments réels de Nietzsche, de ses vrais « pourquoi », qui, en dépit de toute sa prudence, transparaissaient clairement dans ses œuvres.

« Les hommes sont inégaux : ce que je désire, ils ne doivent pas le désirer. ». Ceci est hors de doute. Et qui plus est, ces « ils » *n'osent pas désirer* pour eux-mêmes ce que Nietzsche a vécu. Peut-être – qui peut répondre à la question ? – peut-être Nietzsche lui-même, qui se rendait parfaitement compte du lien qu'il y avait entre sa philosophie et son malheur, aurait-il néanmoins renoncé à tout son « savoir », s'il avait seulement pu éviter ces rêves et ces énigmes qui nous semblent si terribles, même à nous – alors que nous ne les connaissons que par ses paroles. Nietzsche avait cent fois raison lorsqu'il affirmait que bien souvent des livres qui encouragent et donnent de la force à certains peuvent être dangereux et mauvais pour d'autres[2]. Ses propres œuvres en sont la meilleure preuve – et plus encore, les préjugés si

---

1. *Généalogie de la morale*, III, 26.
2. *Par-delà le bien et le mal*, 30.

répandus sur ces œuvres. On s'imagine qu'il a enseigné que la « jouissance » est le but suprême de notre vie et que c'est pour cela qu'il nie le bien. Vous entendrez partout cette opinion qu'Oscar Wilde est justifié, que peu s'en faut qu'il ne soit érigé en idéal par la philosophie de Nietzsche. Mieux encore : toutes sortes de gens, tentés par les divertissements de Wilde, croient maintenant possible de s'adonner à leurs occupations, convaincus d'être les précurseurs de l'*Uebermensch* et, en conséquence, les meilleurs travailleurs sur le champ du progrès humain. Nietzsche pressentait la possibilité d'une telle altération de sa doctrine et disait : « Il faut que j'entoure d'une palissade mes paroles et ma doctrine, afin d'empêcher les porcs d'y pénétrer »[1]. Mais les « porcs » s'introduisirent partout, car ils n'ont pas même besoin de franchir la palissade. Ils ont entendu dire que quelqu'un de très célèbre s'est, pour une raison ou l'autre, révolté contre la morale ; ils ont imaginé qu'il s'est soulevé pour défendre leur cause. Il est vrai que s'autoriser de Nietzsche et de ses théories, c'est au fond pour eux le dernier des soucis : avec lui ou sans lui, de toute façon, ils vivront à leur guise. Toutefois, il est clair que, pour la grande majorité des hommes, les livres de Nietzsche ne sont pas nécessaires, qu'ils sont même néfastes ; aussi bien ne reste-t-il qu'à regretter de voir les revues et les journaux se donner tant de peine pour faire connaître au grand public, « en résumé », c'est-à-dire sous un aspect accessible, en somme sous un aspect faussé entièrement, la physionomie du nouveau philosophe.

---

1. *Ainsi parlait Zarathoustra*, « Des trois maux ».

La plupart des questions dont Nietzsche a traité sont trop éloignées des sujets ordinaires de la pensée humaine, trop éloignées des sentiments de la majorité des hommes, et une connaissance superficielle de ses œuvres ne peut donner de lui qu'une idée fausse et inexacte. En particulier quant à cette partie de sa doctrine qui touche à Dieu et au bien. Le plus grand nombre ne voit rien d'autre en elle que la fronde ordinaire contre la fréquentation des églises ou contre l'exécution de quelques difficiles exigences du devoir. Mais le seul ton passionné de Nietzsche aurait dû exclure la possibilité d'une pareille interprétation de sa doctrine. Car depuis bien longtemps, et bien avant Nietzsche, l'époque moderne a su apprendre, même à des penseurs aussi médiocres que le Stiva de Tolstoï, à ne pas observer de trop près les pratiques de la religion ou les règles de la morale. « Vous professez d'être un libre penseur »[1] – lui avait dit non sans raison Karénine. Et ce qui prouve le mieux que Tolstoï a vraiment accusé Nietzsche à tort des péchés de notre société, c'est peut-être l'opinion partagée par tous que Nietzsche, lui aussi, n'est qu'un « libre penseur » luttant pour acquérir la « libre jouissance ». Les « libres penseurs » ordinaires n'auraient pas supporté un seul jour les épreuves de Nietzsche, ils n'auraient pas supporté ce qu'ils appelaient son « bonheur ». Dans sa situation, ils auraient accepté pour Dieu le premier fétiche venu, pour devoir la plus absurde des règles, afin de justifier leur vie par n'importe quel moyen. Ils auraient évidemment, moins que toute autre chose, attaqué le bien, qui, c'est chose connue, remplit si souvent la vie de ceux que le sort a déshérités.

1. En français dans le texte.

Et, à coup sûr, ils n'auraient pas rejeté la compassion, si nécessaire à ceux qui souffrent. Avec Nietzsche, il en va tout autrement. Trop perspicace de nature, trop sincère pour se tromper lui-même ou pour tromper les autres, il fut contraint, au bout du compte, à rester face à face avec toutes les horreurs de son existence. La science, la religion, le bien, ne pouvaient rien lui donner. Et, répétons ce que nous avons dit de Tolstoï : si Nietzsche s'est révolté contre le bien, ce n'est pas qu'il ait été un homme dur, insensible, froid, inaccessible à la pitié. Il n'en est rien. Il ne l'aurait nullement cédé en humanité à des Tourguéniev, à des Dickens, à des Victor Hugo. Son cœur connaissait la compassion – et la connaissait bien. Il s'exprime ainsi : « Qui peut atteindre quelque chose de grand s'il ne sent en lui la force et la volonté de causer de grandes souffrances ? Supporter la douleur est la moindre des choses : il y a de faibles femmes et des esclaves qui, sur ce point, sont arrivés à la maîtrise. Mais ne pas sombrer dans le désespoir et dans le doute si l'on cause une grande souffrance et si l'on doit en entendre le cri – c'est ce qui est le propre de la grandeur »[1]. Comme le lecteur peut s'en rendre compte, Nietzsche, contrairement à l'opinion admise, ne se soumettait pas dans sa doctrine à un sentiment de vengeance, de colère ou de petit égoïsme. Tous ces sentiments lui étaient aussi étrangers qu'à Tolstoï. Il avait, lui aussi, formé le plus grand dessein de sauver et de renouveler l'homme par des paroles convaincantes. S'il s'écarta de ce dessein, s'il dut renoncer à prêcher aux hommes l'amour et la compassion, c'est uniquement parce qu'il a compris

1. *Le Gai Savoir*, 325.

par sa propre et dure expérience que l'amour et la compassion ne peuvent rien donner, que le problème de la philosophie est ailleurs : ne pas faire de propagande pour l'amour du prochain, ni pour la compassion, *mais vaincre ces sentiments, répondre aux questions qu'ils posent.* « Malheur à tous ceux qui aiment sans rien avoir qui soit au-dessus de leur compassion »[1], s'écria Zarathoustra – et c'est par là qu'il faut expliquer la prétendue « cruauté » de Nietzsche. Nietzsche s'adresse à ses pareils, à ceux pour qui la compassion n'est plus une vertu, un idéal et qui, selon ses paroles, ont déjà « dépassé cet idéal, parce qu'ils l'ont atteint ». Il s'adresse à ceux qui, sachant déjà compatir aux souffrances de leurs prochains, ne peuvent plus se contenter d'être vertueux. Au contraire, ceux qui sont encore trop naïfs dans les questions du bien et du mal lui répugnent : « En vérité, je ne peux supporter ces hommes compatissants, qui ont trouvé une béatitude dans la compassion ; ils manquent trop de pudeur. Si je dois être compatissant, du moins, je ne veux pas être appelé ainsi, et si je le suis, que ce soit de loin ! »[2]. « Je ne dis même, explique-t-il, que la vertu trouve en elle-même sa récompense. ». Au contraire, il « *étouffe de compassion* », et la conscience de posséder cette vertu ne peut lui donner le bonheur. « C'est ce qu'on appelle aujourd'hui, jusque chez les petites gens, une vertu – la compassion ; ils ne savent pas *estimer* le grand malheur, la grande laideur, le grand insuccès »[3]. Nietzsche ne savait que trop bien qu'en de tels cas les

1. *Ainsi parlait Zarathoustra*, « Des Miséricordieux ».
2. *Ibid.*
3. *Ibid.*, « Le plus laid des hommes ».

moyens dont la compassion dispose d'ordinaire sont impuissants – même si elle ne se borne pas à des soupirs platoniques, à de belles phrases sur le malheur du prochain. C'est pourquoi il écrit : « Le premier, tu as mis en garde contre la compassion *non envers tous et non envers chacun, mais envers toi et tes pareils* »[1].

Afin de préserver la philosophie de Nietzsche des méthodes d'interprétation qu'on lui applique d'ordinaire, est-il besoin d'autres citations ? Nietzsche a, sans nul doute, exactement cherché ce que Tolstoï a cherché. Il voulait trouver ce qui est *au-dessus* de la compassion ; et s'il est vrai que, cherchant dans un tel sens, Tolstoï, à l'horreur de tous les vertueux, s'est contraint à regarder tranquillement le malheur d'Anna Karénine, l'agonie d'Ivan Ilicth, etc., contraint à chercher dans leur souffrance, sans relâche et d'un regard attentif et scrutateur, ce qui pouvait donner une réponse aux questions que le sentiment de la compassion suggérait – dans sa philosophie, Nietzsche aussi bien cherchait dans ce sens. Son Zarathoustra, avant tout se propose de comprendre le monde et de trouver le sens des horreurs terrestres – « du grand malheur, de la grande laideur, du grand insuccès ». « Soyez fermes », dit-il à ses disciples, afin de pouvoir supporter le terrible aspect de la vie qui détruit tout homme compatissant. L'amour – même cet amour abandonné et profond dont les femmes sont capables quand il s'agit du sort d'un être aimé – l'amour est impuissant devant un « grand malheur ». Nietzsche le savait :

---

1. *Ainsi parlait Zarathoustra*, « Le plus laid des hommes ».

Quels martyrs sont les grands artistes, et, d'une façon générale, les hommes supérieurs aux yeux de celui qui les a une fois devinés. Il est facile à comprendre que la femme – qui dans le domaine de la douleur est clairvoyante et, par malheur, avide d'aider et de sauver bien au-delà de ses forces – en ait fait la proie des explosions désordonnées et sans limites de sa pitié. La foule ne comprend pas cette pitié, en particulier la foule qui vénère, et elle la charge d'interprétations indélicates et vaniteuses. Cette pitié s'illusionne régulièrement sur ses propres forces : la femme voudrait croire que l'amour peut tout, c'est la superstition qui lui est propre. Mais celui qui connaît le cœur humain devine combien l'amour le meilleur et le plus profond est pauvre, impuissant, présomptueux, maladroit, et qu'il achève bien plus tôt qu'il ne se sauve[1].

Ceci jette de la lumière sur « l'immoralisme » de Nietzsche. Si l'amour le meilleur, le plus grand, ne sauve pas, mais achève, si la compassion est faible, impuissante – dans ce cas, que doit faire celui qui ne peut vivre sans aimer, sans compatir ? Où trouver *ce qui est au-dessus* de la compassion, au-dessus de l'amour de son prochain ? Tolstoï répond que personne, et il se place dans le nombre, que personne n'a besoin d'un tel » au-dessus ». On pourra, évidemment, si l'on veut croire que Tolstoï parle ainsi non pour ses disciples, mais pour lui, penser qu'il n'a pas connu les doutes que Nietzsche a traversés, que la formule « le bien – l'amour fraternel – Dieu » l'a complètement satisfait. Mais Nietzsche, selon toute évidence, ne pouvait pas penser ainsi. Cela aurait, en effet, eu ce sens qu'on prive Dieu de ses saints at-

---

1. *Par-delà le bien et le mal*, 269.

tributs : la toute-puissance, l'omniscience, etc.; qu'on érige en déité un sentiment humain pauvre et faible, un sentiment qui sait venir en aide là où l'on peut se passer de lui, qui se trouve être impuissant alors que la nécessité de son aide devient particulièrement impérieuse. Nietzsche, dans son malheur, fut obligé de rejeter ce que les hommes pouvaient lui apporter d'intérêt et de soins : il dut se retirer dans la solitude afin d'y attendre son Zarathoustra : Zarathoustra lui expliqua qu'il y a et qu'il doit y avoir dans le monde quelque chose au-dessus de la compassion, que le « bien » est bon et nécessaire pour « tous », mais que pour quelques-uns il est inutile; que la compassion console « de nombreuses personnes », mais que, « pour quelques-uns », elle ne peut que les offenser – surtout lorsqu'elle apparaît comme un tribut à la morale, comme la recherche de la « félicité ».

Il est clair qu'il avait déjà le droit de se considérer comme situé « par-delà le bien et le mal », indépendamment du fait de savoir à quel point les conceptions du bien et du mal, en vue de la vie en commun, nous sont nécessaires ou utiles. Des considérations utilitaires ne l'intéressaient pas; d'ailleurs, dans les questions morales, il est généralement impossible que ces considérations ne soient pas reléguées au second plan, du moins tant que la morale prétendra garder une importance supérieure, exceptionnelle par rapport aux différents buts que l'homme se propose. La question de savoir si une règle morale est utile ou néfaste, si elle conserve la solidité de l'organisme social ou la détruit – n'entre pour ainsi dire pas en ligne de compte dans la philosophie de Nietzsche : elle ne doit pas y entrer.

Il est venu à la morale, tout à fait comme Tolstoï, dans l'espoir qu'elle serait toute-puissante, qu'elle saurait remplacer Dieu, et que l'humanité ne ferait que gagner à cette substitution. Pouvait-il être satisfait de ce que la morale apporte un certain avantage en garantissant à la société, sans l'obliger aux dépenses d'une organisation policière et judiciaire, l'ordre et la sécurité ; de ce que la morale, police et justice adroitement introduites dans les esprits humains, nous impose son autorité même là où les sentences juridiques n'osent pas élever la voix ? Nietzsche ne s'en inquiétait pas plus qu'il ne s'inquiétait de tout ce qu'il y a au monde d'organismes sociaux. Il avait cherché dans la morale des *traces divines*, il ne les trouva pas. La morale se révéla impuissante là où tous les hommes étaient en droit d'attendre d'elle la plus puissante manifestation de sa force.

CHAPITRE XIV
[*AMOR FATI*]

C'est alors que vint à Nietzsche cette pensée folle à première vue – qu'autrefois Heine, dans sa célèbre poésie, écarta avec tant d'effroi – que Dieu n'est pas pour le bien, pour les bons, mais pour le mal et les méchants ; que la vie, que la force n'est pas dans ces idéals dont il fut nourri en même que du lait maternel et pour lesquels il s'est sacrifié, mais bien dans les idéals opposés, que la « vérité » n'est pas avec lui, pour lui, comme il l'avait pensé, mais dans le camp de ses ennemis, de ceux qu'il avait, comme aujourd'hui[1] Tolstoï, anéantis avec les épithètes d'« immoral », de « vicieux », de « mauvais ». Comment décrire la situation tragique d'un homme arrivé à l'affreuse conscience que la cause à laquelle il a voué sa vie, n'est pas la cause de Dieu, la cause du « bien », tel que le concevait Tolstoï – mais qu'elle est la cause du mal, de la destruction, du mensonge ; à la conscience, enfin, que sa dernière consolation – la croyance qu'il avait de posséder la vérité dans le

1. Écrit du vivant de Tolstoï (N. d. T.).

domaine moral – lui est enlevée ! Tolstoï et les tolstoïens, évidemment, ne parleront pas à présent de mauvaise volonté. Il leur apparaît clairement que ce n'est pas l'homme qui choisit une idée, mais que c'est l'idée qui prend possession de l'homme, fatalement, contre son gré, avec l'irrésistible force des éléments déchaînés. Il en était ainsi jusqu'aujourd'hui, il en sera toujours ainsi pour ceux qui arrivent à une conception du monde par leur expérience personnelle. Ils disent ce qu'il leur est impossible de taire : « Celui qui lutte contre des monstres doit veiller à ne pas devenir lui-même un monstre. Et si tu regardes longtemps au fond d'un abîme, l'abîme regarde au fond de toi »[1], dit Nietzsche. D'un tel écrivain peut-on attendre les paroles accessibles à tous, communément consolatrices, qu'exige la poétique de Tolstoï ? ou bien des idéals, selon l'expression du professeur Riehl ?

Nietzsche recherche autre chose, car il sait que des « paroles » et des « idéals » ne défendent pas l'homme contre la réalité. Il dit « *Amor fati* : que désormais ce soit là mon amour. Je ne veux pas mener de combat contre ce qui est laid. Je ne veux même pas accuser l'accusateur. Me détourner – que cela soit toute ma négation »[2]. Dans son journal de 1888, cette idée est exprimée d'une façon plus tranchante encore : « Ma formule de la grandeur humaine est – *amor fati* : on ne doit rien vouloir d'autre, rien en avant, rien en arrière, dans toute l'éternité rien. Tout idéalisme est importun en face de la nécessité. Non seulement il faut supporter la nécessité et, ce qui est plus

---

1. *Par-delà le bien et le mal*, 146.
2. *Le Gai Savoir*, 276.

important, ne pas la cacher – ce n'est tout : il faut encore l'aimer »[1].

Ces paroles expliqueront au lecteur la position de Nietzsche à l'égard du mal. Il ne veut pas, il ne peut pas se plaindre de la réalité, car, dit Zarathoustra, « toute plainte n'est-elle pas une accusation ? ». C'est de là que découle sa vénération pour le mal, dont on a tant effrayé le public, mais qui, au fond, est partagée par tous les hommes dans une mesure beaucoup plus large qu'on ne croit.

Nietzsche n'a fait que donner une expression complète aux sentiments sous l'impulsion desquels Tolstoï se détournait des habitants de Liapine : afin de ne pas « lutter contre une scandaleuse injustice » qu'il ne pouvait pas détruire. Mais à Nietzsche, il fallait davantage : il voulait, il devait *aimer* toute cette réalité abominable, car elle était en lui ; nulle part, il ne pouvait se cacher d'elle. L'*amor fati*, ce n'est pas lui qui l'inventa, non plus que toute sa philosophie, à laquelle il était conduit par la force d'airain de ce *fatum*. C'est pourquoi celui à qui viendrait l'idée de réfuter la philosophie de Nietzsche devrait d'abord réfuter la vie où il l'avait puisée.

Nietzsche dit : « Tu ne dois pas voler ! Tu ne dois pas tuer, – de telles paroles furent un jour appelées sacrées ; devant elles, on a plié les genoux, on a courbé la tête, on a quitté ses chaussures… Voler et tuer. Cela n'est-il pas dans la vie même, dans toute la vie ? Et quand de telles paroles ont été appelées sacrées, la vérité elle-

---

1. E. Förster-Nietzsche, *Das Leben Friedrich Nietzsche's*, Leipzig, C. G. Naumann, 1897, p. 196.

même n'a-t-elle pas été tuée ? »[1]. Ici encore, le même *amor fati*. Dans la vie, il y a le mal – donc on ne peut pas le nier, le maudire ; la négation, la malédiction sont impuissantes. Les paroles les plus indignées, les plus violentes ne peuvent même pas tuer une mouche. Il faut choisir entre le rôle de « dénonciateur » moral, ayant contre lui le monde entier, la vie entière, et l'amour de la destinée, c'est-à-dire de la vie telle que, dans la réalité, elle apparaît, telle qu'elle était dès le début, telle que toujours elle sera.

Et Nietzsche ne pouvait pas hésiter. Il laisse les rêves impuissants, pour se mettre à nouveau du côté de son vieil ennemi : la vie, dont il sent que les droits sont légitimes. La vertu faible, la vertu fière de ses haillons lui répugne, car il voit très bien la cupidité envieuse avec laquelle elle regarde la force, qu'elle ne peut pas vaincre, que, pour cela, continuellement, elle invective. « Les prétentions de l'homme, dit-il, qui cherche des valeurs dépassant la valeur du monde réel, nous paraissent aujourd'hui risibles »[2]. Le seul fait d'opposer l'homme à l'univers lui paraissait dépourvu de sens. Ces deux termes, « l'homme et l'univers », que sépare l'incommensurable témérité du petit mot « et », lui paraissait en dehors de toute comparaison. L'univers existe indépendamment, l'homme existe indépendamment, comme un copeau jeté par hasard sur la surface de l'Océan. Rêver que l'Océan, ou quelque réalité plus puissante encore, puisse penser à ce copeau, un tel rêve est ridicule. Une telle

---

1. *Ainsi parlait Zarathoustra*, « Des vieilles et des nouvelles tables ».

2. *Le Gai Savoir*, 346.

force supérieure n'existe pas ; entre le mouvement des eaux de l'Océan et les besoins de ce copeau, il n'y a pas de lien. Si la nature elle-même a si peu le souci de défendre ses créatures de la perte et du naufrage ; si la mort, la destruction, l'extermination se trouvent n'être que des phénomènes indifférents, perdus dans la masse d'autres phénomènes indifférents, et mieux encore, si la nature elle-même, afin d'atteindre ses buts, se sert de la mort et de la destruction, d'où pouvons-nous, dans ce cas, tirer le droit d'ériger en loi le bien, c'est-à-dire la négation et la violence ? La foudre tue l'homme, les maladies le torturent, les autres animaux lui enlèvent sa nourriture – tout cela est naturel, tout cela est dans l'ordre des choses, tout cela est conforme aux lois de la nature. Malheureusement, par sa propre expérience, Nietzsche ne savait que trop à quel point cette nature est inexorable et sans pitié. Quand privé de force, humilié, rompu, il regardait avec un effroi insensé son avenir incertain, il n'y eut pas, dans l'univers entier, un seul bon génie, pas une seule voix pour répondre à son malheur. Et tout à coup, cette cruauté, pratiquée dans la nature avec un tel esprit de système, on ose la qualifier de contre-nature et d'illégale, dès qu'elle se manifeste dans les actions de l'homme. Il est permis de tuer à la foudre, mais c'est défendu à l'homme. Il est permis à la sécheresse de vouer à la famine un pays entier, et nous appelons *infâme* l'homme qui ne tend pas du pain à celui qui meurt de faim. Une telle contradiction doit-elle exister ? Ne faudrait-il pas trouver là une preuve de ce que, nous inclinant à des lois contraires à celles de la nature, nous faisons fausse route (en quoi l'on peut voir le secret de l'impuissance du « bien ») – une preuve de ce que les vertus sont destinées à être revêtues de haillons, la cause qu'elles servent étant piteuse et inutile.

Pour comprendre la portée que ces idées avaient pour Nietzsche, il faut se souvenir, avant tout, du rôle qu'elles jouaient dans sa propre destinée. Il peut jurer par saint Anacréon que, si le sort lui a donné des pieds, c'est pour écraser, toutefois il n'était pas l'écrasant mais l'écrasé, pas celui qui foule aux pieds, mais bien celui qui est foulé aux pieds. De la part du mal, il ne pouvait s'attendre à aucune récompense et, tout en prêchant le péché, il n'en restait pas moins l'idéaliste théoricien, l'idéaliste désintéressé qu'il avait été dans sa jeunesse, alors qu'il s'inclinait devant la vertu. C'est seulement plus tard, à la fin de son activité d'écrivain, qu'il réussit à tirer de ses opinions une doctrine « aristocratique » et à parler d'un air qui amena le professeur Lichtenberg à envier son destin. Mais, jusqu'à la fin, la doctrine de Nietzsche, plus fortement que tout autre, brisait Nietzsche lui-même. Ce n'est pas en vain qu'il nous parle de ce que la perspicacité psychologique a dans certains cas de déplacé, du dieu-animal de sacrifice, etc. Plus il y a de passion, de blasphème, d'athéisme, dans ses attaques du « bien », plus claires deviennent pour nous les causes inférieures qui l'ont forcé de briser avec son idéalisme. Ce que Nietzsche a éprouvé dans ses vieux jours, Tourguéniev lui-même l'a connu. Qui ne se souvient de sa poésie l'« Insecte » ? L'idéaliste craint toute sa vie d'ouvrir les yeux sur le monstre qui plane au-dessus de lui – ce monstre le tue. Ces sentiments nietzschéens n'ont visité Tourguéniev que pendant sa vieillesse. La partie essentielle de son œuvre d'écrivain n'a fait que traduire cet idéalisme qui durant de longues années l'avait préservé avec succès de cette horreur et de cette répugnance que l'« Insecte » devait lui inspirer. Toutes les œuvres de Nietzsche, au contraire, si l'on excepte celles qui sont contenues dans le premier volume[1], sont consacrées à ce sombre problème de la vie. C'est ce que Nietzsche appelle « jeter un regard au fond du pessimisme ». Évidemment, il a dû renoncer à l'idéalisme, justifier l'insecte, c'est-à-dire la vie réelle, avec les horreurs, les malheurs, les crimes, les vices qu'elle comporte. Il a dû sacrifier les rares îlots du « bien », qui surnagent à la surface de la mer illimitée du mal : sans quoi, les perspectives du pessimisme, de la négation, du nihilisme, s'ouvraient devant lui. La loi que peut admettre l'homme doit prendre son origine dans la nature, et elle ne peut se trouver en désaccord avec la loi universelle. Le « mal », ce que les hommes appellent le « mal » (ce qui, jusqu'ici, nous apparaissait comme la plus terrible, la plus douloureuse des énigmes, en raison de la contradiction absurde et dépourvue de sens que nous voyons entre lui et nos espoirs les plus chers) le « mal », pour Nietzsche, cesse d'être le mal. Plus encore – il trouve dans le « mal », le bien, dans les « méchants », une force créatrice puissante. « Tout ce que les bons ont appelé « le mal » doit se réunir pour que naisse la vérité : oh ! mes frères, êtes-vous vraiment assez méchants pour cette vérité ? L'audace hardie, la longue méfiance, le cruel « non », la satiété, l'art de couper dans la chair vive, combien il est rare que tout cela soit réuni ! Mais

---

1. *La Naissance de la Tragédie* et les *Considérations inactuelles*.

c'est avec de telles graines qu'on fait venir la vérité. Et c'est près de la conscience mauvaise que jusqu'ici toute science a poussé! »[1].

Vous trouverez chez Nietzsche un grand nombre de paroles analogues. *L'élément du mal était trop étranger* à sa propre nature : il sentit combien un tel défaut est horrible, combien peu il est racheté par l'obéissance vertueuse à l'impératif catégorique. À première vue, c'est une découverte affreuse. Mais, en réalité, elle justifie les paroles profondément significatives que Zarathoustra dit à ses disciples et que nous avons déjà citées une fois : « vous ne vous étiez pas encore cherchés et vous m'avez trouvé. Ainsi font tous les croyants ; c'est pourquoi il n'y a pas grand cas à faire de toutes les croyances. Aujourd'hui, je vous ordonne de me perdre et de vous trouver. Et lorsque vous m'aurez renié, alors seulement je reviendrai vers nous »[2]. C'est en reniant les idéals qui nous sont les plus chers que Nietzsche les a retrouvés.

Pour celui qui n'a pas craint de traverser à sa suite tout son scepticisme du désespoir et du doute, la lumière est projetée sur les plus énigmatiques paroles de l'annonciation évangélique : le soleil se lève également sur les bons et les méchants. Qui ces mots n'ont-ils pas embarrassé ? Ne présentent-ils pas une mystérieuse contradiction avec tous les espoirs de l'âme humaine ? Selon nous, le soleil ne doit pas luire pour les prêcheurs, pour les méchants. Pour eux les *ténèbres* : la lumière appartient aux justes. Il se peut que beaucoup d'entre

1. *Ainsi parlait Zarathoustra*, « Des vieilles et des nouvelles tables ».
2. *Ibid.*, « De la vertu qui donne ».

nous aient été disposés à ne pas enlever les biens matériels aux « méchants »; mais tous, sans nulle exception, nous admettions la nécessité d'abandonner les méchants à une dépréciation morale qui est, au fond, pour des hommes attachés à une morale chrétienne, la plus grande punition, le plus affreux malheur qui puisse frapper notre vie. On peut supporter la misère d'être malade, contrefait, etc. : autant de malheurs et des plus grands. Mais se trouver être « immoral », de tout ce qui peut nous arriver, c'est le pire. Et, néanmoins, tous admettent qu'il est possible et indispensable de placer dans la catégorie des immoraux une quantité considérable de leurs proches. Et non seulement ils n'en sont pas confondus : ils vont jusqu'à se faire un mérite de leur capacité de s'indigner. Tolstoï ne peut faire un pas sans traiter d'immoral un grand nombre de ses prochains.

Le lecteur se souvient de la conversation de Zarathoustra avec le pape. Citons encore des paroles de Zarathoustra afin de montrer *quelle prodigieuse hauteur morale, et justement dans le sens évangélique du mot*, un renégat tel que Nietzsche a su atteindre. On verra combien peu il est possible de se fier aux légendes attachées d'habitude au nom de cet écrivain : « Trouvez-moi l'amour qui prenne à son compte, non seulement toute punition, mais encore la *faute* ! – Trouvez-moi la justice qui justifie tous les hommes, à l'exception des juges ! »[1]. La morale traditionnelle, qui s'était adaptée aux médiocres, blessait Nietzsche, par son attitude hautaine à l'égard des hommes, par sa disposition à

---

1. *Ibid.,* « De la morsure de la vipère ».

stigmatiser tous ceux qui, ne serait-ce qu'en apparence, lui refusent leur estime. Elle était obligée de déclarer mauvais le monde presque entier, presque tous les hommes, et elle y consentait pour ne pas devoir céder ses droits à l'hégémonie. Ce que cherchait Nietzsche, c'est une justice qui prenne à son compte non pas les punitions (à savoir les perversités matérielles), mais la faute. Que se dissimule-t-il au fond sous de telles paroles, sinon un commentaire de la parabole évangélique du publicain et du pharisien ? En effet, chacun de ceux qui critiquent moralement, chacun de ceux qui font retomber la faute sur leur prochain se dit infailliblement : « Je te remercie, ô mon Dieu, de n'être pas comme ce publicain. ». Voici ce que dit encore à ce sujet Zarathoustra : « La jouissance et l'innocence sont les choses les plus pudiques. Elles ne veulent pas être recherchées. On doit les avoirs, mais on doit plutôt chercher la faute et les souffrances »[1]. Ces paroles sont-elles d'un antéchrist ? Sont-elles d'un immoraliste ? Pour celui qui a considéré avec attention, il ne peut y avoir de doute : ses attaques sont dirigées non contre le christianisme, non contre l'Évangile, mais contre les lieux communs, qui exposent la doctrine chrétienne, qui, répandus en tous lieux, cachent aux yeux de tous – et aux yeux de Nietzsche lui-même – le sens et la lumière de la vérité.

« Le bien c'est Dieu », dit Tolstoï à ses disciples ; c'est ce que dit tout le monde, c'est ce que dit cette

---

1. *Ainsi parlait Zarathoustra*, « Des vieilles et des nouvelles tables ».

même foule intellectuelle qu'il attaque[1]. La vie entière en même temps, se transforme en mal, mais Tolstoï ne s'en occupe nullement. Il ne se demande même pas (ou plutôt il ne veut pas que les disciples lui demandent) comment il se fait que Dieu ne règne pas sur terre, que des millions d'hommes, vivent en dehors de Dieu. Il est parvenu à l'échelon suprême du développement moral ; cela suffit pour le consoler. L'expérience, la vie de Nietzsche avait été bien différente, et c'est pourquoi la question de la valeur du bien s'est présentée à lui sous une autre forme. Il comprit que le mal était aussi nécessaire que le bien, qu'il était même plus nécessaire que le bien ; il comprit que l'un et l'autre sont la condition obligatoire de l'existence et du développement de l'homme ; il comprit que le soleil peut également se lever sur les bons et les méchants.

C'est ici le sens et la portée de la formule de Nietzsche : « par-delà le bien et le mal ». Il n'y a pas de place au doute : à Nietzsche s'est révélée la grande vérité dissimulée dans le verset de l'Évangile, verset que nous n'osions jamais, alors même que nous l'admettions, introduire dans notre conception philosophique du monde. Et, cette fois encore, il fallut un nouveau Golgotha pour qu'une vérité nouvelle ait pu naître. Il faut croire que la vie ne révèle jamais autrement ses secrets. Voici comment en parle Zarathoustra : « Me voici devant ma plus haute montagne et devant mon plus grand voyage – *c'est pourquoi* je dois descendre plus bas que je n'ai jamais fait : – plus bas dans la

---

1. La populace intellectuelle, dira Nietzsche, car, jusque dans leurs expressions, il arrive aux deux écrivains de se rencontrer.

souffrance que jamais je ne suis descendu et jusque dans le plus noir abîme. Mon destin le veut ainsi. C'est bien – je suis prêt »[1]. C'est par une telle école que Nietzsche est passé. Et il se trouva non seulement qu'il était un disciple soumis, mais encore un disciple reconnaissant : « l'école de la souffrance, l'école de la grande souffrance », dit-il, « savez-vous que jusqu'ici cette école seule a créé toute élévation humaine ? Cette tension de l'âme dans le malheur qui lui donne la force, son horreur à la vue du grand effondrement, sa sensibilité et son courage à supporter, à endurer, à interpréter le malheur, à l'utiliser, et tout ce qui lui a jamais été donné de profond, d'énigmatique, de masqué, de spirituel, de rusé, de grand : est-ce que cela ne lui a pas été donné dans la souffrance, à l'école de la grande souffrance ? La créature et le créateur sont réunis dans l'homme : il y a dans l'homme de la matière, des débris des résidus, du limon, de la boue, de l'absurde, du chaos ; mais il y a aussi dans l'homme le créateur, l'imagier, une dureté de marteau, une divinité de contemplateur et le septième jour : – comprenez-vous cette contradiction ? Et ne savez-vous pas que votre compassion s'adresse dans l'homme à la créature, à ce qui doit être formé, brisé, forgé, brûlé, rougi au feu, épuré ; à ce qui est obligé de souffrir, à ce qui doit souffrir. Et notre compassion, comprenez-vous à qui s'adresse notre compassion invertie, quand elle se défend de votre compassion comme de la pire de toutes les mollesses, de toutes les faiblesses »[2] ? Quelle force, quelle passion, quelle exaltation dans ces paroles ! C'est

1. *Ainsi parlait Zarathoustra*, « Le voyageur ».
2. *Par-delà le bien et le mal*, 225.

en Nietzsche lui-même que le sort a façonné un homme ainsi. C'est dans son âme qu'a été brisé, déchiré, brûlé, reforgé, refondu, tout ce qu'il y avait d'inutilité, de non-sens, de chaos, pour que naisse en elle un créateur, un artiste qu'au septième jour une contemplation divine attend.

Évidemment les hommes ne croiront pas, n'oseront pas croire ce que Nietzsche a raconté. Les hommes craignent par-dessus tout la souffrance. Ils ne peuvent pas vivre différemment. Mais, je le répète, Nietzsche lui-même n'aurait peut-être pas admis sa propre philosophie avant l'époque où il vida jusqu'au fond la coupe amère que le sort lui a tendue. Son « immoralisme » est le bilan d'une vie profondément tragique, infiniment malheureuse. Pour que la lumière de cette étoile puisse atteindre l'homme, il faut descendre « dans le sombre abîme de la souffrance » : c'est de cette profondeur qu'on l'apercevra. Mais, à la clarté ordinaire du jour, les étoiles lointaines – même les plus brillantes – sont inaccessibles à l'œil humain.

CHAPITRE XV
[NIETZSCHE ET LA PRÉDICATION]

C'est ici que finit chez Nietzsche la philosophie, que commence la « prédication ». Ici commence la singularisation et l'exaltation de sa personnalité, la répartition des hommes en inférieurs et supérieurs, en dignes et indignes – en un mot quelque chose d'identique à ce qui existait déjà avant Nietzsche. Il est vrai que les termes sont différents. Il n'y est pas question du bien. L'*Uebermensch* a pris sa place. Toutefois le rôle de l'*Uebermensch* n'est pas nouveau. En son nom, Nietzsche dit et fait ce que Dostoïevski et Tolstoï faisaient au nom du bien. Il faut, de façon ou d'autre, se justifier, il faut oublier le passé, il faut se sauver, se défaire de ces questions effrayantes auxquelles nulle réponse vraie ne peut être apportée. Et Nietzsche a recours à un vieux remède – remède éprouvé, qui, si souvent déjà, a guéri des cœurs humains malades et exténués – il a recours à la prédication. Il s'explique ainsi : « J'ai jeté mon filet dans beaucoup de philosophies, mais c'est toujours une tête de vieille idole que j'ai retirée. ». Dans une certaine mesure, ces paroles peuvent être appliquées à Nietzsche. Son *Uebermensch* – n'est rien d'autre que la tête de vieille idole, mais elle est peinte de couleurs nouvelles.

Comme Dostoïevski ou Tolstoï, à qui, de par sa nature, il est si intimement apparenté, Nietzsche lui-même n'a pu supporter l'aspect effrayant de la vie, il n'a pu se résigner à son sort. Qu'est-ce que son aristocratisme ? Traduit dans une langue simple, celle de Tolstoï par exemple, qui a le grand avantage d'être claire – cela veut dire : « Moi et quelques-uns encore, nous sommes de très grands hommes, les autres ne sont que des pions insignifiants. Être grand, c'est l'essentiel, le meilleur de ce qu'il peut y avoir dans la vie. Ce meilleur, je le possède et les autres ne l'ont pas. Et l'essentiel c'est que les autres ne l'aient pas. ». Pour quelle raison un homme se sent-il soulagé s'il pense que, devant les autres, il peut se vanter de son privilège ? Qui donnera le mot de l'énigme que la psychologie humaine présente ici ?

Quoi qu'il en soit, un fait reste un fait. C'est pour cela que Dostoïevski étouffait Raskolnikov, que Tolstoï traitait sans merci l'*intelliguentsia*. Chez un homme, le désir de trouver un point d'appui est si douloureux, si profond, qu'il sacrifie tout, oublie tout, pourvu qu'il puisse échapper aux doutes. Et dans la prédication, dans la possibilité de s'indigner et de se scandaliser, là est la meilleure issue qu'on puisse rêver pour la tempête qui sévit dans l'âme. Tolstoï a donné le nom d'« immoral » à nos marxistes eux-mêmes. Ces marxistes qui, pour une idée, pour ce qu'ils appellent le bien, quittent tout, employant leurs meilleures années à la lecture du *Capital*, à la rédaction de tableaux statistiques ou à d'autres occupations analogues qui ne peuvent évidemment rien leur promettre de bon. On peut réfuter leur doctrine, les prendre en pitié – on peut adopter n'importe quelle attitude ; mais il est clair que c'est uniquement à cause de la « morale » qu'ils ont fait tout ce bruit, tout adversaires qu'ils puissent se dire des « subjectivistes ». Marx et la statistique ne sont qu'une forme nouvelle. Mais l'essence demeure identique : sacrifier l'âme à l'idée, renoncer, offrir sa vie pour quelque chose, renier sa volonté pour le triomphe d'un principe « supérieur ». Ne serait-ce pas assez moral ? Que peut-on demander de plus ? Mais Tolstoï ne veut et ne peut pardonner à personne. Tous sont « immoraux » ! Autrement, comment pourrait-on oublier Ivan Ilitch, oublier les prostituées, les habitants de Liapine et sa propre impuissance ? Si l'on ne peut s'en prendre à personne, si l'on ne peut attaquer personne, en fin de compte on restera seul, face à face avec ces questions maudites auxquelles le « Dieu-bien » ne peut rien répondre.

Une telle formule n'est séduisante qu'en ceci qu'elle permet à un homme de se séparer de tous les autres, en ceci qu'elle permet de trouver des ennemis et de lutter – ne serait-ce qu'avec de pâles adolescents lisant Marx, ou bien avec un meurt-de-faim rêvant de meurtre, tel que Raskolnikov. L'*Uebermensch* de Nietzsche joue le même rôle. Là où la philosophie s'est arrêtée en raison des limites des forces humaines – là commence la prédication. Sa souffrance, sa honte, son malheur, tout ce qu'il a dû endurer dans sa vie, Nietzsche l'explique au bout du compte en ce sens : cela lui donne le droit d'écraser quelqu'un, le droit de le réduire à rien. « La souffrance fait de l'homme un aristocrate, elle le sépare des autres », dit-il avec cette sincérité inconsciente, si frappante dans ses œuvres, alors que, d'autre part, une tendance systématique le porte à se cacher sous n'importe quel « masque ». Et pourtant il sait combien proches les hommes sont les uns des autres : « Le plus grand homme et le plus petit, dit Zarathoustra, je les ai vus. Trop insignifiante est la différence entre eux ! ». Malgré tout, l'« aristocratisme » est conservé. Cet « aristocratisme qui sépare des autres », inspire le « pathos de la distance », ce *pathos* qui fut toujours l'unique source de l'indignation morale. Je suis « élevé », tous les autres sont bas : c'est là un terrain pour les protestations, pour la lutte ; on sait ainsi que faire des sentiments accumulés d'amertume et d'humiliations. Si l'« aristocratisme », la « perfection morale » (ce sont deux termes exprimant une même chose, deux termes identiques), s'ils étaient les enfants de la satisfaction de soi-même, de la clarté et de la tranquillité de l'esprit, la forme de la prédication qu'ont adoptée Dostoïevski, Tolstoï et Nietzsche aurait été impossible, inutile. Seule l'impuissance devant l'énigme fatale de la vie peut donner naissance à cette haine cachée et profonde qui marque les œuvres de ces merveilleux écrivains. On ne peut lutter contre le sort ! Il demeure indifférent à toutes nos malédictions. Il est impossible de l'atteindre. On ne peut le toucher. Dirigeons donc notre indignation contre l'homme ; il entendra. Il suffit de savoir le frapper, de connaître ses points faibles. C'est pourquoi la prédication, si j'emprunte à Nietzsche son expression, « est de si peu d'importance ».

Ce n'est pas que je veuille en faire un grief à Dostoïevski, à Nietzsche, à Tolstoï. Que leurs efforts pour venir à bout « de la grande laideur, du grand échec, du grand malheur », à la suite de leur insuccès, les aient exténués suffisamment pour devoir cesser d'interroger la vie, pour devoir chercher l'oubli dans la prédication, cela prouve uniquement la grande exigence de leur nature. Ils ne pouvaient plus vivre sans réponse à leurs questions – n'importe quelle réponse valait mieux que rien. C'est « le superficiel, né de la profondeur » comme dit Nietzsche. Il est impossible de vivre en gardant toujours et sans relâche devant soi des fantômes qui effraient. Dostoïevski et Tolstoï ne le diront pas. Mais Nietzsche, lui, l'avoue au bout du compte, finissant par avouer tout.

Dans l'aphorisme : « que devons-nous apprendre chez les peintres », après avoir décrit les méthodes dont ces derniers se servent pour « orner » dans leurs œuvres la réalité – réalité loin d'être belle en fait – il conclut : « Tout cela, nous devons l'emprunter aux peintres, mais nous devons être plus avisés qu'eux. Chez eux cette force créatrice cesse en effet là où commence la vie. Mais nous voulons être les poètes de notre propre vie, et tout d'abord dans les circonstances les plus petites et les plus journalières »[1]. Cette conscience constante et obstinée de ce que la vie est pauvre en beauté, cette capacité douloureuse de voir partout le mauvais, fût-il caché, tout cela oblige la plupart des hommes à chercher quelque point de vue qui puisse ouvrir devant eux des perspectives plus consolantes.

---

1. *Le Gai Savoir*, 299.

« L'aristocratisme », « le bien » ne sont que des moyens pour orner la vie. Il est vrai que pour un tel résultat, il est nécessaire de transformer tous les hommes en « plébéiens » ou en « pécheurs », en créatures insignifiantes ou immorales, petites ou criminelles. Mais toute autre issue fait défaut. Nous nous souvenons de ce que, dans *Guerre et Paix*, Tolstoï a pu faire afin de justifier tous les hommes, afin de trouver une philosophie qui « prenne sur elle non seulement la punition mais encore la faute », une philosophie qui n'accuse personne, cherchant l'explication de la vie plus haut que les hommes, au-dessus des hommes. Mais Tolstoï n'a pas su longtemps se retenir à cette hauteur. Déjà dans *Anna Karénine* il se trahit lui-même. Et plus il va, plus il se renferme dans cet aristocratisme moral qu'il appelle le « bien », mais qui n'est distinct que par la forme de l'*Uebermensch* de Nietzsche. Chez Tolstoï, la prédication se suffit à elle-même. Ce n'est pas pour les pauvres, les affamés et les humiliés qu'il appelle au bien. Tout au contraire, et s'il se souvient de ces malheureux, c'est uniquement dans l'intérêt du bien. Cela signifie : « demeurer le poète de la vie réelle jusque dans ses manifestations les plus insignifiantes et les plus petites ».

Là où il y avait la laideur, les horreurs, la vilenie, là où il y avait une prostituée qui meurt de faim, qui n'a pas mangé depuis deux jours, car personne n'en veut plus – là Tolstoï a élevé l'étendard du « bien », qui est l'amour de son prochain, qui est Dieu. Là où ce qui importait, c'était l'aide immédiate, mais où pareille aide se trouva impossible, c'est-à-dire là où se déroulait la plus horrible et la plus révoltante tragédie de la vie – là, en Tolstoï, est née la poésie de la prédication. Il en était de même en Nietzsche. Il savait n'être qu'un « pauvre animal de sacrifice », et il se décora des grandes vertus de l'*Uebermensch ;* il se sentait « perdu », il sentait que « la fin, la fin dernière » était venue, et il disait : « S'il existait un Dieu, comment supporterai-je l'idée que, ce Dieu, ce n'est pas moi. ».

C'est ainsi que Tolstoï et Nietzsche se sont cachés de la réalité. Mais leur prédication peut-elle interdire aux hommes à tout jamais les questions que pose la vie ? Le « bien », ou l'*Uebermensch*, peut-il réconcilier l'homme avec le malheur, l'ineptie de l'existence ? Bien certainement la poésie de la prédication de Tolstoï et de Nietzsche peut satisfaire uniquement ceux qui dans l'œuvre de ces écrivains n'avaient vu, de même que dans les expériences de leur propre vie, rien d'autre que la poésie. Mais pour celui qui a dû se heurter sérieusement avec la vie, les mots splendides et somptueux dont Tolstoï et Nietzsche font accompagner leurs « dieux » – toute cette parade ne vaut pas mieux pour lui que les autres fêtes où les hommes se divertissent. Il ne peut détacher son attention du prince André, d'Ivan Ilitch, du pâtre dans la bouche duquel un serpent s'était glissé ; et, laissant passer les beaux raisonnements, cherche avec une attention d'autant plus grande les vrais sentiments de Tolstoï et de Nietzsche.

Bien que les tentatives pour donner aux questions poignantes de la vie des réponses définitives et complètes soient demeurées jusqu'ici infructueuses, les hommes ne cesseront jamais cependant de poser ces questions. Peut-être n'est-il pas donné à l'homme de trouver ce qu'il cherche. Du moins, sur le chemin de la vérité, se débarrasse-t-il de préjugés nombreux dont il était accablé et devant lui de nouveaux horizons s'ouvrent, qui pour n'être pas éternels n'en sont pas moins plus larges. Et la formule de Nietzsche, son « par-delà le bien et le mal » est en ce sens un important, un immense pas en avant. Nietzsche est le premier philosophe qui ait osé protester directement, ouvertement contre l'exigence exceptionnelle du bien, quand ce bien désire, malgré l'infinie variété de la vie réelle, que les hommes le regardent comme « le commencement et la fin de tout », ainsi que nous dit Tolstoï.

Il est vrai que Nietzsche n'a vu dans le bien que le mauvais, n'y a pas vu tout ce qu'on peut y trouver de bon, s'écartant ainsi de sa formule – *amor fati*. Il ne pouvait sentir autrement : de la même façon un pécheur repenti ne peut rien voir que d'horrible dans son péché. C'est en cela qu'est toute la force convaincante de la philosophie de Nietzsche. S'il était resté juste, nous n'aurions pas compris de quoi il parle. Il nous fallait être témoins de cette animosité, de cette haine, de cette répugnance, de cette horreur du « bien » que ressentit Nietzsche pour comprendre la possibilité de sa doctrine, pour reconnaître certains sentiments comme légitimes, pour leur permettre de s'introduire dans nos consciences comme des principes. Le bien – l'amour fraternel – l'expérience de Nietzsche nous l'a appris – *n'est pas Dieu*. « Malheur à celui qui aime et qui n'a rien qui soit au-dessus de sa compassion ». Nietzsche a ouvert le chemin. Il faut chercher ce qui est *au-dessus* de la compassion, ce qui est *au-dessus* du bien. Il faut chercher Dieu.

TABLE DES MATIÈRES *

* Les titres des chapitres entre crochets sont proposés par l'éditeur.

Achevé d'imprimer en novembre 2019
sur les presses de
La Manufacture - Imprimeur – 52200 Langres
Tél. : (33) 325 845 892

N° imprimeur : 191596 - Dépôt légal : novembre 2019
Imprimé en France